Philippe Chavanne

Jardiner avec la Lune 2023

FIRST
ÉDITIONS

ISBN : 978-2-412-08168-6
Dépôt légal : août 2022
Imprimé en Italie

Correction : La Machine à mots
Mise en pages : Nord Compo

Éditions First, un département d'Édi8
92, avenue de France
75013 Paris – France
Tél. : 01 44 16 09 00
Fax : 01 44 16 09 01
e-mail : firstinfo@efirst.com

Introduction

Depuis la nuit des temps et aujourd'hui encore, l'homme vit avec la nature et les phénomènes naturels : saisons, pluies, orages, canicules, sécheresses, tempêtes, ouragans, inondations... L'actuel changement climatique, amplifié par les activités humaines destructrices, nous le montre chaque jour : la nature décide ! Il nous rappelle aussi que, de tout temps, les phénomènes climatiques ont eu une incidence sur le milieu naturel, la vie quotidienne des hommes et leurs activités.

Très vite, l'homme s'est tourné vers le ciel pour mieux comprendre les mécanismes et les phénomènes naturels ayant une incidence sur notre planète. Pas pour les dominer, ce qui relèverait à la fois de l'utopie et d'une dangereuse mégalomanie, mais pour mieux vivre en harmonie avec eux. De nombreuses civilisations très avancées sur les plans techniques et scientifiques ont accordé une grande importance au Soleil, notamment les Aztèques. Mais la Lune n'a jamais été oubliée. Astronomes et scientifiques de toutes les époques ont compris que l'astre de la nuit influençait la vie sur Terre. Notamment (mais pas exclusivement) les activités liées à l'agriculture, à l'élevage, à la sylviculture et au jardinage.

Les premiers calendriers lunaires

Les Anciens ont vite commencé à observer les phases de la Lune et à concevoir les premiers calendriers lunaires. Ils ont instauré un cycle de 7 jours que nous utilisons encore aujourd'hui ; cycle qui suit de près celui de la Lune qui adopte une nouvelle forme tous les... 7 jours. Ces calendriers sont réglés sur les phases lunaires qui influencent de manière prouvée notre planète, la vie animale, végétale et humaine. En outre, la rotation de la Terre autour du Soleil permet le maintien des climats et des saisons. Conjuguées, les influences du Soleil et de la Lune permettent la réalisation de calendriers lunaires complets, fiables et indispensables à celles et ceux qui, aujourd'hui, sont de plus en plus nombreux à vouloir se (re)connecter à la nature.

Phases et mouvements

Âgée d'environ 4,56 milliards d'années (à peu près le même âge que la Terre à 100 millions d'années près), la Lune a un volume global qui fait à peine le quart de celui de notre planète : 3 476 km de diamètre à son équateur, contre 12 750 km pour la Terre. Son poids estimé est 80 fois inférieur à celui de la « planète bleue ».

D'une durée de 29 jours 12 heures 44 minutes, la révolution lunaire (ou révolution synodique) s'étend entre deux nouvelles lunes. Cette révolution, aussi connue sous les noms de mois lunaire ou lunaison, correspond à un tour complet de la Terre augmenté du déplacement de celle-ci par rapport au Soleil afin de retrouver l'alignement initial. La nouvelle lune débute quand la Lune est dans l'exact alignement de la Terre et du Soleil : elle est alors invisible depuis notre planète.

La phase croissante de la Lune s'étire de la nouvelle lune à la pleine lune : sa surface augmente peu à peu. À la pleine lune, la face visible de l'astre lunaire est observable en pleine lumière. La pleine lune marque le début de la phase décroissante : la Lune revient vers le Soleil et sa luminosité diminue peu à peu.

Du fait de l'inclinaison de notre planète, la Lune semble parfois plus basse, parfois plus haute dans le ciel. Quand son orbite apparente semble plus élevée que la veille, la Lune est montante. Elle est descendante quand son orbite apparente semble plus basse que la veille.

Apogées, périgées, nœuds lunaires...

La plupart des interactions entre la Lune et la Terre ont de nombreux effets positifs et bénéfiques sur les plantes, les animaux et les humains. À quelques exceptions près...

- **L'apogée et le périgée** : la distance entre la Terre et la Lune varie régulièrement. Quand elle est au plus loin de la Terre (environ 406 700 km), la Lune est à son apogée. Quand elle est au plus près (à peu près 356 000 km), elle est au périgée. Vu depuis la Terre, son diamètre semble alors plus important. La Lune met 27 jours 13 heures 18 minutes pour passer d'un périgée à l'autre. Son action sur le monde végétal augmente avec sa proximité de la Terre. Ses effets sont donc plus forts autour du périgée. Il est déconseillé de travailler sol et plantes durant cette période, spécialement le jour du périgée.

- **Les nœuds lunaires** : la Terre se déplace autour du Soleil suivant une trajectoire elliptique. Le plan au sein duquel s'inscrit cette trajectoire est l'écliptique. La Lune se déplace autour de la Terre en suivant une autre trajectoire elliptique. Le plan de cette ellipse forme un angle de 5° 09' avec l'elliptique. Pendant sa révolution autour de la Terre, la Lune coupe deux fois l'écliptique : une fois en montant (nœud lunaire ascendant) et une fois en descendant (nœud lunaire descendant). Moments de fortes perturbations, les nœuds lunaires sont négatifs pour de nombreuses activités, dont les travaux de la terre.
- **La lune rousse** : période redoutée par les jardiniers et les agriculteurs, celle-ci débute à la nouvelle lune suivant Pâques pour s'achever à la nouvelle lune suivante. Très marqués, les écarts entre les températures diurnes et nocturnes peuvent créer des chocs thermiques sur les végétaux qui prennent alors une couleur rousse (d'où l'appellation « lune rousse ») avant de mourir. Ce phénomène n'est cependant pas créé par la Lune, mais par un équilibrage des températures du sol et des hautes couches de l'atmosphère. Quand le ciel est dégagé, les températures s'équilibrent par rayonnement, plus puissant au niveau du sol et des plantes que dans l'air. De ce fait, même si la température de l'air se situe au-dessus de 0 °C, celle de la terre où poussent les jeunes

plants peut être légèrement négative. D'où leur roussissement.

- **Les éclipses** : lors de la nouvelle ou de la pleine lune, il y a éclipse si la Lune se trouve parfaitement alignée avec la Terre et le Soleil dans le plan de l'écliptique. À la nouvelle lune, il y a éclipse de Soleil, à la pleine lune, il y a éclipse de Lune.

Zodiaque, constellations et qualités fondamentales

Dès l'Antiquité, l'homme a regroupé certains astres entre eux en les reliant par des lignes imaginaires, créant des silhouettes de personnes mythologiques, d'animaux... : c'est comme cela que les constellations du zodiaque ont été nommées. Si le Soleil met un an à les parcourir, la Lune le fait en un mois. Quand elle passe devant une constellation, elle active les influences spécifiques à cette dernière.

Les 12 signes du zodiaque (Verseau, Poissons, Bélier, Taureau, Gémeaux, Cancer, Lion, Vierge, Balance, Scorpion, Sagittaire, Capricorne) sont le résultat du découpage du ciel en douze parts égales de 30°, pour un total de 360°. Le décalage entre la constellation et le signe correspondant est dû au mouvement lent et perpétuel de la Terre sur son axe. Ce mouvement induit un retard de 20 minutes par an dans sa course. Il faut donc 26 000 ans avant qu'un signe du zodiaque se trouve face à la constellation correspondante.

Les 4 qualités fondamentales (chaud, froid, sec, humide) agissent sur la vie végétale surtout par le biais des signes du zodiaque :

- le chaud favorise et accélère le métabolisme. La production des cultures est augmentée, même s'il y a risque d'assèchement. Le chaud compense l'excès de froid extérieur.
- le froid ralentit l'évolution des plantes en limitant les échanges métaboliques. Mais il aide à mieux résister contre le chaud.
- le sec limite la proportion d'eau dans les tissus. Il concentre la sève et permet de mieux lutter contre l'humidité extérieure. Son excès peut entraîner une maturation trop rapide de la plante.
- l'humide gère la plante dans des proportions qui peuvent dépasser 99 %. C'est grâce à elle que les principes actifs et nutritifs de la plante sont répartis.

Ces quatre qualités ne peuvent être isolées. Combinées, elles permettent de retrouver les quatre éléments :

- le chaud combiné au sec donne le feu.
- le chaud combiné à l'humide donne l'air.
- le froid combiné au sec donne la terre.
- le froid combiné à l'humide donne l'eau.

Les signes du zodiaque sont classés en quatre éléments :

- les **signes d'air** : Verseau, Gémeaux et Balance. L'élément « air » valorise les parfums. Lorsque la Lune est devant une constellation d'air, c'est le moment de s'occuper des fleurs et légumes-fleurs (chou-fleur, artichaut, brocoli...).

- les **signes de terre** : Taureau, Vierge et Capricorne. La Lune devant une constellation de terre favorise la vie souterraine. C'est le moment de s'occuper des légumes-racines (endive, carotte, betterave, ail, échalote...) et de butter les pommes de terre.
- les **signes de feu** : Bélier, Lion et Sagittaire. Devant une constellation de feu, la Lune a une action sur la maturation des fruits et semences. C'est une bonne période pour travailler les légumes-fruits (tomate, aubergine, concombre, haricot, courgette...) et s'occuper des arbres fruitiers.
- les **signes d'eau** : Poissons, Cancer et Scorpion. L'eau favorise la tige et le feuillage de la plante. Quand la Lune passe devant une constellation d'eau, il faut s'occuper des légumes-feuilles (scarole, frisée, basilic, bette, épinard, fenouil...), des plantes vertes et des arbustes d'ornement (buis...).

Les marées et les travaux de la terre

Par essence maritime, les marées peuvent influencer certains travaux de la terre. L'intensité d'une marée varie en fonction de la masse des corps et de la distance qui les sépare. Les deux corps célestes qui ont le plus d'influence sur la Terre sont le Soleil et la Lune (l'influence lunaire moyenne est 2,17 fois plus puissante que celle du Soleil). Cette attraction provoque une déformation de notre planète, que l'on observe surtout grâce au mouvement des eaux océaniques.

Comme l'attraction lunaire est plus forte que l'attraction solaire, c'est la position de la Lune qui détermine les marées ; le Soleil atténuant ou accentuant l'attraction. Les marées les plus importantes ont lieu à la pleine lune et à la nouvelle lune. Elles sont moins marquées lors du premier et du dernier quartier.

La marée est montante (flux) pendant le temps que met la Lune pour arriver au méridien (le point le plus haut), soit 6 heures 12 minutes. Ensuite, la marée va redescendre (reflux) jusqu'au coucher de Lune. Par la suite, la marée sera à nouveau montante pour arriver au méridien opposé et redescendra jusqu'au lever de Lune suivant. Ce double cycle de marées montantes et descendantes se déroule en 24 heures 50 minutes.

Tous les êtres vivants sont susceptibles de ressentir les effets des marées, notamment l'ensemble du monde végétal, avec un décalage estimé à environ 1 heure. Les marées montantes sont intéressantes pour les semis (en lune descendante), les greffes, le compostage, les récoltes (en lune décroissante) et le travail des sols lourds. Les marées descendantes sont intéressantes pour les semis (en lune montante), les repiquages, les récoltes (en lune croissante), le travail des sols légers et la coupe du bois.

Jardiner avec la Lune

La Terre possède des énergies qui se modifient en fonction des saisons. Au printemps, avec le Soleil montant, ces énergies correspondent à une expiration. À l'automne, avec le Soleil descendant, elles correspondent à une inspiration. On peut effectuer un parallèle avec la Lune. Sa phase montante est surnommée « printemps lunaire », sa phase descendante est appelée « automne lunaire ».

Ces rythmes se retrouvent au quotidien : en matinée, les énergies montent, la Terre expire. Il faut semer, sarcler (surtout en période humide). Dans l'après-midi, la Terre inspire : il faut planter, repiquer, labourer... Entre les deux, la période 12 h-15 h, période d'inversion des rythmes, est à éviter.

Les travaux de base :

- Les **semis** sont à faire le matin, dans la constellation qui correspond à l'objectif poursuivi (fleur, feuille, fruit ou racine).
- Les **plantations et les repiquages** se font en après-midi, en lune descendante, si possible face à une constellation correspondant à la plante (fleur, feuille, fruit ou racine).
- Les **plantations de bulbes** se font quand la Lune est en Balance.
- Les **rempotages** se font en lune descendante, en jours-fleurs pour les plantes à fleurs, en jours-feuilles pour les plantes vertes.

- Le **gazon** est semé en lune descendante, décroissante. Sa tonte est faite quand la Lune est en Gémeaux, Balance ou Vierge (le gazon repousse moins vite).
- L'**arrosage** est réalisé en lune descendante. Il est plus efficace si la Lune est en Vierge, Gémeaux ou Balance. La superposition Lion–Lion et les nœuds lunaires sont à éviter.
- L'**arrachage des mauvaises herbes** est à faire après la pleine lune. En milieu de journée, le résultat est encore meilleur.
- La **fertilisation** a un résultat optimal en lune descendante, croissante, en évitant les signes de feu (Bélier, Lion et Sagittaire).
- Le **paillage** est effectué en lune croissante, surtout devant un signe d'air (Verseau, Gémeaux ou Balance) ou de terre (Taureau, Vierge ou Capricorne). Lorsque la Lune est croissante et montante, l'aération est optimisée. En lune croissante et descendante, la décomposition est privilégiée.
- Le **sarclage** en période sèche est optimisé en soirée, en lune croissante, devant un signe d'eau (Poissons, Cancer ou Scorpion) ou de terre (Taureau, Vierge ou Capricorne). S'il est effectué en période humide, il est plus efficace en matinée, en lune décroissante, devant un signe d'air (Verseau, Gémeaux ou Balance) ou de feu (Bélier, Lion ou Sagittaire).

Les plantations et la taille des arbres et des arbustes

La plantation des arbres et des arbustes doit répondre à des impératifs géoclimatiques : une terre équilibrée (pas trop lourde, pas trop acide...), hors des couloirs de courants d'air et, si possible, à l'automne à condition que l'hiver ne s'annonce pas trop rude. Le jeune arbre demande soins et attention : arrosage, aération du sol... Les nœuds lunaires sont à éviter.

Les tailles sont effectuées en lune descendante, sauf en cas de taille de formation des plus jeunes arbres, à faire en lune montante pour que le bois se développe plus vite. Nœuds lunaires, équinoxes et périgées sont à éviter.

Quelques règles particulières :

- les arbres et les arbustes à fruits et à fleurs sont plantés en lune descendante, croissante. Un effet de marée descendante est un plus. En lune décroissante, un effet de marée montante est meilleur.
- les arbres et les arbustes à feuilles suivent les mêmes principes que ceux à fruits et à fleurs. Mais certains arbres (érables, peupliers...) sont à planter en lune montante, décroissante, avec un effet de marée descendante : ils poussent plus vite.
- les conifères sont plantés en lune descendante, décroissante.

- les arbres et les arbustes à fruits sont taillés en lune descendante, décroissante avec effet de marée montante.
- les arbres à feuilles et les conifères sont taillés en lune descendante, croissante, avec un effet de marée montante.
- les arbres et les arbustes à fleurs sont taillés en lune descendante, croissante, avec un effet de marée descendante.

Le travail du bois

Le bois de chauffage est coupé en lune descendante, en évitant la nouvelle lune. Il sèche mieux quand il est empilé en lune descendante, entre le premier et le dernier quartier.

Le bois d'œuvre (destiné aux charpentes des maisons et à la fabrication de produits destinés à la construction ou à la rénovation résidentielle : madriers, poutres, lambris...) est coupé en lune descendante, en évitant le dernier jour de cette période. Le bois de charpente est coupé en Lion, Vierge, Balance, Scorpion ou Sagittaire.

Les piquets en bois pour les clôtures ont une plus grande longévité en étant coupés à la nouvelle lune et plantés quand la Lune est en Lion.

Le sapin de Noël est à couper en lune montante et croissante : il conserve ses aiguilles plus longtemps.

Le jardin de plantes médicinales

Les sommités des plantes médicinales sont récoltées en début de matinée, en lune montante, décroissante, en signe d'air (Verseau, Gémeaux ou Balance) ou de terre (Taureau, Vierge ou Capricorne). Les racines sont récoltées en fin de l'après-midi, en lune croissante, descendante, en signe d'air (Verseau, Gémeaux ou Balance) ou de terre (Taureau, Vierge ou Capricorne). Les récoltes effectuées sur les arbres sont réalisées en lune montante, croissante, avec un effet de marée montante et en signe d'air (Verseau, Gémeaux ou Balance) ou de terre (Taureau, Vierge ou Capricorne).

Tableau des pictogrammes utilisés

Les phases et mouvements de la Lune

Lune montante	Lune descendante
Lune croissante	Lune décroissante
Premier quartier	Dernier quartier
Nouvelle lune	Pleine lune

Les constellations et signes du zodiaque

♑	Capricorne	♒	Verseau
♓	Poissons	♈	Bélier
♉	Taureau	♊	Gémeaux
♋	Cancer	♌	Lion
♍	Vierge	♎	Balance
♏	Scorpion	♐	Sagittaire

Les journées

Jour fleurs	Jour feuilles
Jour fruits	Jour racines

janvier

1	dimanche	♈
2	lundi	♉
3	mardi	♉
4	mercredi	♉
5	jeudi	♊
6	vendredi	♊
7	samedi	♊
8	dimanche	♋
9	lundi	♌
10	mardi	♌
11	mercredi	♌
12	jeudi	♍
13	vendredi	♍
14	samedi	♍
15	dimanche	♍
16	lundi	♎
17	mardi	♎
18	mercredi	♏
19	jeudi	♐
20	vendredi	♐
21	samedi	♐
22	dimanche	♑
23	lundi	♒
24	mardi	♒
25	mercredi	♓
26	jeudi	♓
27	vendredi	♓
28	samedi	♈
29	dimanche	♈
30	lundi	♉
31	mardi	♉

1er dimanche

Jour de l'An

☼ 8h44 ⬆ 17h04 ⬇
☾ 13h29 ⬆ 3h19 ⬇

♈

Nœud lunaire. Ne travaillez pas au jardin.

2 lundi

Saint-Basile

☼ 8h44 ⬆ 17h05 ⬇
☾ 13h50 ⬆ 4h32 ⬇

♉

Prélevez des greffons sur les arbres fruitiers. Choisissez des rameaux sains de l'année précédente. Coupez des tronçons de 30 cm, rassemblez-les en petits fagots. Mettez-les en jauge en exposition nord, derrière un mur pour retarder le bourgeonnement. Inscrivez la variété fruitière sur une étiquette. La mise en jauge consiste à enterrer les petits fagots dans une terre légère et drainante, provisoirement et seulement en partie, dans l'attente de leur destination finale.

3 mardi

Sainte-Geneviève

☼ 8h44 ⬆ 17h06 ⬇
☾ 14h15 ⬆ 5h44 ⬇

♉

Achevez le plan de votre futur potager et celui de votre jardin d'agrément. Vous pouvez les réaliser sur du papier millimétré ou en profitant de certains logiciels sur ordinateur. Déterminez les semences nécessaires aux prochaines cultures avant de les acheter. Bien sûr, privilégiez toujours des graines et des semences de qualité biologique.

4 mercredi

Saint-Odilon

☼ 8h44 ↑ 17h07 ↓
☾ 14h47 ↑ 6h54 ↓

Sous tunnel ou sous châssis, vous pouvez semer des oignons blancs en les espaçant de 20 cm. Ils feront des petits oignons à confire dans le courant du mois de mars prochain. Vous enlèverez la protection dans environ un mois, en fonction des conditions climatiques dans votre région. Une fois confits, les oignons ont une douce saveur caramélisée et accompagneront très bien le foie gras, la pintade, le rôti de porc...

5 jeudi

Saint-Édouard

☼ 8h43 ↑ 17h08 ↓
☾ 15h28 ↑ 7h57 ↓

Dans le potager, vous pouvez semer sous châssis ou sous un tunnel abrité des choux-fleurs en privilégiant les variétés 'Nautilus', 'Siria' ou 'Sérac'. Éclaircissez les plants après la levée.

6 vendredi

Sainte-Fanny

☼ 8h43 ↑ 17h09 ↓
☾ 16h20 ↑ 8h43 ↓

Passez au jardin d'agrément ! Vous pouvez tailler vos rosiers buissons à environ 50 cm. C'est la taille dite « de Noël ». Vous pouvez aussi tailler d'autres arbustes à floraison estivale, dont les superbes clématites. Enfin, n'oubliez pas de planter de nouveaux rosiers à racines nues, sauf en cas de gel. Buttez les pieds.

7 samedi

Saint-Raymond

☼ 8h43 ⬆ 17h10 ⬇ ● à 00h09
☾ 17h20 ⬆ 9h36 ⬇

Trois semaines après la levée des graines de fèves et de pois, ramenez la terre des entre-rangs contre les plants. Montez un petit monticule de terre d'environ 10 cm de chaque côté des rangs. Cette opération s'appelle buttage, compatible avec le jardinage biologique. Elle a pour but de favoriser l'ancrage des cultures et d'augmenter leur résistance. Travaillez en douceur pour ne pas risquer d'abîmer les végétaux, de préférence par temps sec une fois que la terre est bien ressuyée.

8 dimanche

Saint-Lucien – Épiphanie

☼ 8h43 ⬆ 17h10 ⬇
☾ 18h26 ⬆ 10h11 ⬇

Apogée. Ne travaillez pas au jardin.

9 lundi

Sainte-Alix

☼ 8h42 ⬆ 17h13 ⬇
☾ 19h35 ⬆ 10h38 ⬇

Au verger, si vos framboisiers n'ont donné que peu de fruits, vous devez replanter les plus beaux pieds à un autre endroit. Répandez un paillis d'écorces tout autour. Toujours dans le verger, protégez une partie de vos fraisiers en les couvrant d'un tunnel pour hâter la récolte. Nous sommes tous pressés de déguster de bonnes fraises !

10 mardi

Saint-Guillaume

☼ 8h42 ↑ 17h14 ↓
☾ 20h44 ↑ 10h58 ↓

Retour dans le potager ! Semez les fèves 'd'Aguadulce à très longue cosse' ou de 'Séville à longue cosse' en rangs espacés de 40 cm, à une distance de 10 cm et à 5 cm de profondeur. Rebouchez les trous de plantation et tassez. Binez quelques jours après la levée.

11 mercredi

Sainte-Pauline

☼ 8h41 ↑ 17h16 ↓
☾ 21h52 ↑ 11h15 ↓

Pour enrichir et diversifier votre verger, plantez vos arbres et arbustes fruitiers en veillant à ne pas enterrer le point de greffe. Pralinez les racines dans une bouillie de terre argileuse. Ajoutez du compost en rebouchant le trou de plantation. Arrosez généreusement afin de tasser la terre et d'éviter les poches d'air qui sont toujours néfastes à la bonne reprise des racines.

12 jeudi

Sainte-Tatiana

☼ 8h41 ↑ 17h17 ↓
☾ 23h00 ↑ 11h30 ↓

Au jardin potager, c'est le moment de récolter le fruit de votre travail. Récoltez les carottes, les salsifis, les panais, les scorsonères (parfois appelés « salsifis noirs » à cause de la couleur de leur peau) et les topinambours. Conservez quelques beaux pieds afin de redémarrer la culture au printemps prochain.

13 vendredi

Sainte-Yvette

☼ 8h40 ⬆ 17h18 ⬇
☾ 11h44 ⬇

♍

Enfouissez les engrais verts. Ces plantes sont destinées à améliorer la structure et la fertilité du sol. Trois sortes de plantes peuvent être utilisées : les légumineuses qui fixent l'azote atmosphérique (fèves, pois...), les crucifères bien adaptées aux sols pauvres en humus (colza, moutarde...) et les graminées cultivées en mélange avec les légumineuses (seigle, avoine...).

14 samedi

Sainte-Nina

☼ 8h40 ⬆ 17h18 ⬇
☾ 00h10 ⬆ 11h58 ⬇

♍

Étalez une couche de paille ou de feuilles mortes au pied de vos plantations. Privilégiez les déchets de tonte (sauf si la pelouse a été traitée chimiquement), les écorces et les feuilles saines hachées ou compostées, les copeaux de bois frais ou les aiguilles de pin.

15 dimanche

Saint-Rémi

☼ 08h39 ⬆ 17h21 ⬇ ◑ à 3h13
☾ 1h21 ⬆ 12h14 ⬇

♍

Si vous avez la chance d'habiter dans une région bénéficiant d'un climat doux, et en sol léger, plantez l'ail blanc 'Thermidrome' (adapté aux conditions rigoureuses) ou 'Messidrome' (de bonne conservation). Plantez les plus beaux caïeux d'ail dans un sillon en veillant à les espacer d'environ 20 cm. La pointe doit rester visible. N'arrosez pas !

16 lundi

Saint-Marcel

☼ 8h38 ⬆ 17h22 ⬇
☾ 2h36 ⬆ 12h33 ⬇

Nœud lunaire. Ne travaillez pas au jardin.

17 mardi

Sainte-Roseline

☼ 8h37 ⬆ 17h24 ⬇
☾ 3h56 ⬆ 12h56 ⬇

Au jardin potager, éclaircissez les choux-fleurs qui ont été précédemment semés au chaud. Vous pourrez les repiquer au printemps prochain. Le but du repiquage est d'espacer les plants pour leur offrir plus d'espace et leur permettre de mieux se développer. Cette opération assez simple renforce les jeunes pousses et favorise le développement des radicelles.

18 mercredi

Sainte-Prisca

☼ 8h36 ⬆ 17h25 ⬇
☾ 5h19 ⬆ 13h29 ⬇

C'est le moment d'élaguer les arbres à feuillage caduc [albizia, amandier, aulne, bouleau, châtaignier, cornouiller, eleagnus, érable du Japon, hêtre, mélèze...]. Pour éviter de blesser le tronc lors de la chute de la branche, donnez un bon trait de scie sous la branche à couper, en amont de la coupe. Le moignon restant sera ensuite coupé au niveau du bourrelet, pas tout à fait au ras du tronc, pour permettre une bonne cicatrisation.

19 jeudi

Saint-Marius

☼ 8h36 ↑ 17h27 ↓
☾ 6h41 ↑ 14h16 ↓

Passez dans le verger. Installez les petits fruits (notamment les groseilliers, cassissiers et framboisiers) en enterrant leurs bases pour favoriser un meilleur enracinement. Rebouchez les trous de plantation, tassez la terre et arrosez.

20 vendredi

Saint-Sébastien

☼ 8h35 ↑ 17h28 ↓
☾ 7h54 ↑ 15h20 ↓

S'il ne gèle pas, prélevez des greffons sur les rameaux de l'année dernière, sur vos arbres fruitiers. Coupez des tronçons d'environ 30 cm, liez-les en bottes. Enterrez-les au pied d'un mur orienté au nord, de préférence dans du sable afin de retarder le démarrage végétatif. Le greffage aura lieu en mars et en avril prochains.

21 samedi

Sainte-Agnès

☼ 8h34 ↑ 17h30 ↓ ● à 21h55
☾ 8h52 ↑ 16h42 ↓

Périgée. Ne travaillez pas au jardin.

22 dimanche

Saint-Vincent

☼ 8h33 ⬆ 17h31 ⬇
☾ 9h33 ⬆ 18h11 ⬇

Dans les régions bénéficiant d'un climat doux, sous châssis, semez des radis mélangés à des carottes, pour optimiser l'espace et que les légumes profitent l'un à l'autre. Le radis va pousser très vite, marquer le sillon, faire de l'ombre à la terre et empêcher l'humidité de s'évaporer, ce qui est tout bénéfice pour la carotte. Lors de la récolte des radis, vous pourrez éclaircir les carottes.

23 lundi

Saint-Barnard

☼ 8h32 ⬆ 17h33 ⬇
☾ 10h03 ⬆ 19h42 ⬇

Semez l'alkékenge à repiquer début mars. Il est apprécié pour son calice en forme de lanterne chinoise, à l'aspect de papier. Ses fruits mûrs sont comestibles et font des confitures, gelées ou compotes.

24 mardi

Saint-François-de-Sales

☼ 8h32 ⬆ 17h33 ⬇
☾ 10h26 ⬆ 21h08 ⬇

C'est un bon jour pour semer des bégonias et des pélargoniums dans la véranda ou dans la maison, près d'une fenêtre. Ces semis réussissent facilement.

25 mercredi

Saint-Joël

☼ 8h30 ↑ 17h36 ↓
☾ 10h45 ↑ 22h31 ↓

Votre jardin est entouré d'une haie de conifères ? Superbe ! Mais ces arbres nécessitent une taille. Facile : elle se limite à la suppression du bois mort, malade ou endommagé. Les conifères ne produisant pas facilement de nouvelles pousses sur le vieux bois, évitez de tailler dans du bois de plus de deux ans.

26 jeudi

Sainte-Paule

☼ 8h28 ↑ 17h38 ↓
☾ 11h01 ↑ 23h50 ↓

Au chaud, semez des laitues pommées 'Appia' et 'Reine de Mai', ainsi que des laitues à couper 'Feuille de Chêne' et 'Red Salad Bowl'. Veillez à bien échelonner les semis, ce qui vous permettra de récolter de délicieuses laitues toute l'année. Un seul impératif : privilégiez des variétés adaptées à chaque saison.

27 vendredi

Sainte-Angèle

☼ 8h27 ↑ 17h39 ↓
☾ 11h17 ↑

Tout le monde rêve de cuisiner avec des herbes aromatiques fraîchement coupées dans le jardin. Vous aussi ? Cela tombe bien ! Vous pouvez maintenant semer de la ciboulette en rangs espacés de 15 cm. Tassez bien et n'oubliez pas d'arroser régulièrement. Très parfumée la ciboulette agrémentera vos salades, sauces au yaourt, mayonnaises, beurres aromatisés, soupes aux herbes...

28 samedi

Saint-Thomas d'Aquin

☼ 8h26 ⬆ 17h41 ⬇ ◐ à 16h20
☾ 11h34 ⬆ 1h06 ⬇

Nœud lunaire. Ne travaillez pas au jardin.

29 dimanche

Saint-Gildas

☼ 8h25 ⬆ 17h42 ⬇
☾ 11h54 ⬆ 2h22 ⬇

La lune montante favorise les parties aériennes des plantes. C'est aussi la période idéale pour vous occuper de vos plants. En effet, c'est pendant cette période qu'ils résistent le mieux aux maladies et parasites. La germination est plus facile. Les produits récoltés ont une meilleure teneur en sucres, minéraux et vitamines. La cicatrisation des greffes est plus rapide.

30 lundi

Sainte-Martine

☼ 8h23 ⬆ 17h44 ⬇
☾ 12h17 ⬆ 3h35 ⬇

Sous châssis ou sous tunnel, et si vous n'avez pas eu l'occasion de le faire précédemment, vous pouvez semer des oignons blancs à 20 cm de distance. Dans la foulée, vous pouvez aussi semer des oignons de couleur 'Jaune des Cévennes' ou 'Rouge de Florence' pour une récolte estivale. Ils seront d'une taille assez modeste, mais leur conservation sera meilleure.

31 mardi

Sainte-Marcelle

☼ 8h22 ⬆ 17h46 ⬇
☾ 12h47 ⬆ 4h46 ⬇

Semez des navets 'Jaune boule d'or' sous châssis à 15 °C. Aérez souvent et maintenez le sol frais. La récolte est prévue en avril et mai prochains. Si vous aimez apporter une touche d'originalité à vos plats, le navet 'Jaune boule d'or' est fait pour vous ! Cette variété ancienne et un peu oubliée est plus douce et plus sucrée que le navet rose et blanc. Sa cuisson est plus rapide. Ce navet est aussi bon pour la santé : il est pauvre en calories mais riche en minéraux et oligoéléments et en antioxydants, comme la plupart des légumes racines. Ses fanes comestibles sont une source importante de vitamine C.

février

1	mercredi	♉
2	jeudi	♊
3	vendredi	♊
4	samedi	♋
5	dimanche	♋
6	lundi	♌
7	mardi	♌
8	mercredi	♌
9	jeudi	♍
10	vendredi	♍
11	samedi	♍
12	dimanche	♎
13	lundi	♎
14	mardi	♎
15	mercredi	♏
16	jeudi	♐
17	vendredi	♐
18	samedi	♑
19	dimanche	♑
20	lundi	♒
21	mardi	♓
22	mercredi	♓
23	jeudi	♓
24	vendredi	♈
25	samedi	♈
26	dimanche	♉
27	lundi	♉
28	mardi	♉

1er mercredi

Sainte-Ella

☼ 8h21 ↑ 17h47 ↓
☾ 13h25 ↑ 5h52 ↓

Laissez en jauge les arbres et greffons devant être plantés. La jauge est une fosse creusée à proximité d'un mur, abritant les plantes des vents violents ou desséchants. Installez les plantes côte à côte, remplissez la fosse d'un mélange sable – terre de jardin. Arrosez s'il ne pleut pas.

2 jeudi

Chandeleur

☼ 8h21 ↑ 17h47 ↓
☾ 14h14 ↑ 6h49 ↓

Vous pouvez biner et désherber les plantes florales que vous avez installées en bordure du potager. Outre leur aspect esthétique, les fleurs installées dans ou autour du potager protègent les légumes des parasites et des maladies : l'œillet d'Inde installé près des tomates éloigne les nématodes ; le souci installé près des légumes et fraisiers éloigne aussi les nématodes et détourne les pucerons, mouches blanches, doryphores ; la capucine installée au pied des arbres fruitiers et des légumes attire les pucerons qui ne s'attaquent donc pas aux plantes nourricières...

3 vendredi

Saint-Blaise

☼ 8h18 ↑ 17h51 ↓
☾ 15h11 ↑ 7h36 ↓

Sous serre, entre 20 et 22 °C, semez en caissettes des bégonias 'Semperflorens' sans couvrir les graines. Aérez.

4 samedi

Sainte-Véronique

☼ 8h17 ⬆ 17h52 ⬇
☾ 16h17 ⬆ 8h13 ⬇

Apogée. Ne travaillez pas au jardin.

5 dimanche

Sainte-Agathe

☼ 8h15 ⬆ 17h54 ⬇ ● à 19h30
☾ 17h25 ⬆ 8h42 ⬇

Dans le jardin potager, repiquez les laitues précédemment semées au chaud. Attention aux limaces : entourez les plants d'une petite rigole remplie de cendres ou de sciure de bois. Elle fera une bonne protection contre ces petites bestioles qui peuvent faire des ravages dans les cultures, même si elles peuvent rester sans manger durant plusieurs jours. Autres possibilités biologiques : épandre de la poudre d'algues calcaires ou des aiguilles de pin. D'autre part, si le temps est doux, vous pouvez aérer les cultures qui sont sous abri telles que l'épinard, la mâche, la laitue...

6 lundi

Saint-Gaston

☼ 8h14 ⬆ 17h56 ⬇
☾ 18h35 ⬆ 9h04 ⬇

Installez les petits fruits (les groseilliers, les framboisiers, les cassissiers...) en enterrant les bases afin de favoriser un bon enracinement. Rebouchez, tassez et arrosez. Toujours dans le verger, taillez les rameaux des fruitiers à pépins (les pommiers, les poiriers) et à noyaux (les pruniers, les pêchers).

7 mardi

Sainte-Eugénie

☼ 8h12 ⬆ 17h57 ⬇
☾ 19h43 ⬆ 9h22 ⬇

♌

Au potager, installez l'ail blanc et l'ail violet de la variété 'Germidour', ainsi que l'échalote. Vous pourrez effectuer la récolte au début de l'été. Toutes ces cultures vous seront précieuses en cuisine. Vous vous apercevrez vite que les produits issus de votre potager bio ont une meilleure conservation et beaucoup plus de saveur que l'ail ou l'échalote du commerce. Apportez de l'engrais (du purin d'ortie ou du purin de consoude concentré sont parfaits) au pied de vos arbres fruitiers.

8 mercredi

Sainte-Jacqueline

☼ 8h11 ⬆ 17h59 ⬇
☾ 20h52 ⬆ 9h37 ⬇

♌

Vous pouvez effectuer la taille des cassissiers et des framboisiers. C'est simple : supprimez toutes les tiges qui ont donné des fruits. Pour les framboisiers remontants, ne taillez que les parties de tiges ayant fructifié. Les framboisiers remontants donnent deux récoltes durant la bonne saison.

9 jeudi

Sainte-Apolline

☼ 8h09 ⬆ 18h01 ⬇
☾ 22h01 ⬆ 9h51 ⬇

♍

Si vous avez semé des engrais verts (seigle, moutarde, phacélie...), enfouissez-les pour enrichir et améliorer le sol.

10 vendredi

Saint-Arnaud

☼ 8h07 ↑ 18h02 ↓
☾ 23h10 ↑ 10h05 ↓

Dans le jardin d'agrément, semez le gazon pour favoriser un solide enracinement. Choisissez votre gazon en fonction du résultat désiré et de l'utilisation de la pelouse : gazon d'ornement, de regarnissage, pour terrain sec, tolérant les piétinements, rustique... Le ray-grass anglais reste la vedette de nombreuses pelouses. Résistant de manière satisfaisante au piétinement et à une relative sécheresse, c'est une espèce à feuilles assez larges qui s'installe rapidement. Sa durée de vie avoisine 5 ans dans de bonnes conditions. Pour un gazon plus souple, fin et dense, préférez l'agrostide commune qui a cependant une moindre résistance au piétinement et a parfois tendance à jaunir en hiver.

11 samedi

Saint-Désiré

☼ 8h06 ↑ 18h04 ↓
☾ 10h20 ↓

À l'abri, rangez les pommes de terre à planter, droites dans une cagette, les unes contre les autres, les yeux sur le dessus. Plantez l'ail rose 'Flavor' ou 'Clédor', en conservant les gousses du tour des têtes. Rebouchez les sillons en couvrant peu les caïeux.

12 dimanche

Saint-Félix

☼ 8h04 ↑ 18h05 ↓
☾ 00h23 ↑ 10h36 ↓

Nœud lunaire. Ne travaillez pas au jardin.

13 lundi

Sainte-Béatrice

☼ 8h02 ↑ 18h07 ↓ ◐ à 17h03
☾ 1h39 ↑ 10h57 ↓

Mettez en culture les cannas (ils peuvent atteindre 80 à 120 cm de haut et sont réputés pour leurs fleurs en trompette jaunes, rouges, orange ou bicolores) et les bégonias tubéreux (attention, ces derniers sont la plupart du temps des hybrides stériles, mais pas systématiquement). Remplissez des caisses ou des pots de tourbe, puis enterrez légèrement les racines. Placez le tout à une température comprise entre 15 et 20 °C, arrosez de temps en temps.

14 mardi

Saint-Valentin

☼ 8h01 ↑ 18h09 ↓
☾ 2h58 ↑ 11h24 ↓

Repiquez, toujours au chaud, les choux-fleurs que vous avez semés précédemment. Comptez environ 6 semaines après les semis, lorsque les plants arborent 4 ou 5 feuilles. Attention : les choux n'aiment pas les terres acides, mais apprécient plutôt les terres riches et humifères.

15 mercredi

Saint-Claude

☼ 7h59 ↑ 18h10 ↓
☾ 4h19 ↑ 12h03 ↓

Sous châssis, repiquez les laitues qui ont été précédemment semées au chaud. Ce repiquage s'effectue un mois après le semis, lorsque les laitues arborent 4 ou 5 feuilles. Aérez aussi souvent que possible (en fonction de la météo), de préférence en milieu de journée.

16 jeudi

Sainte-Julienne

☼ 7h57 ⬆ 18h12 ⬇
☾ 5h33 ⬆ 12h57 ⬇

La taille et la greffe des groseilliers doivent être terminées en priorité. Faites des boutures avec des coupes de groseilliers et de cassissiers.

17 vendredi

Saint-Alexis

☼ 7h55 ⬆ 18h14 ⬇
☾ 6h37 ⬆ 14h08 ⬇

Au chaud, dans des caissettes remplies d'un mélange léger, semez des poivrons, des piments et des aubergines. Couvrez légèrement les graines, tassez, arrosez et posez une vitre à retourner chaque jour. Ce retournement vous permettra d'éviter toute condensation.

18 samedi

Sainte-Bernadette

☼ 7h54 ⬆ 18h15 ⬇
☾ 7h25 ⬆ 15h33 ⬇

Semez des oignons de couleur 'Rouge de Florence', 'Paille des Vertus', 'Jaune des Cévennes'. Vous sèmerez en rangs larges, espacés de 30 à 40 cm, à 1 ou 2 cm de profondeur. N'oubliez pas d'éclaircir tous les 15 à 20 cm. La récolte est prévue au cours de l'été prochain. L'oignon 'Rouge de Florence' a un bulbe allongé et rouge foncé, une chair blanche, douce et sucrée dont la saveur fait parfois songer à celle de l'échalote. Il apprécie une terre peu riche et légère ainsi qu'une exposition ensoleillée, mais craint l'humidité et l'excès de fumure fraîche.

19 dimanche

Saint-Gabin

☼ 7h52 ⬆ 18h17 ⬇
☾ 8h00 ⬆ 17h04 ⬇

Périgée. Ne travaillez pas au jardin.

20 lundi

Sainte-Aimée

☼ 7h50 ⬆ 18h19 ⬇ ● à 8h09
☾ 8h26 ⬆ 18h35 ⬇

Divisez les perce-neige en vert. Les perce-neige doivent être divisés tous les 3 ou 4 ans pour fleurir davantage. Divisez-les à la fin de la floraison, lorsque le feuillage vert permet de sortir facilement le bulbe de terre. Demandant fort peu d'entretien et convenant aux jardiniers, cette plante – qui est parfaite pour fleurir les rocailles en fin d'hiver – porte parfaitement son nom : c'est l'une des premières à fleurir vers la fin de l'hiver. Entre janvier et mars, la plante séduit tous les amoureux de la nature et des fleurs par ses petites clochettes blanches et discrètes qui annoncent le retour du printemps.

21 mardi

Saint-Pierre-Damien – Mardi gras

☼ 7h48 ⬆ 18h20 ⬇
☾ 8h46 ⬆ 20h01 ⬇

Semez le cresson alénois qui est très rustique et rapide à pousser. Semez-le en petite quantité car il a un goût très puissant : vous en utiliserez donc peu à la fois en cuisine. Si vous ne connaissez pas le cresson alénois, sachez qu'on le connaît aussi sous les noms de passerage ou cressonnette.

22 mercredi

Sainte-Isabelle – Mercredi des Cendres

☼ 7h46 ↑ 18h22 ↓
☾ 9h04 ↑ 21h24 ↓

♓

En pépinière ou en place protégé par un voile d'hivernage, vous pouvez tenter un premier semis de salades. Semez des laitues pommées, des laitues à couper, des batavias et des romaines. Semez aussi des pissenlits : une fois blanchis, ils agrémenteront les salades d'automne et d'hiver.

23 jeudi

Saint-Lazare

☼ 7h44 ↑ 18h23 ↓
☾ 9h20 ↑ 22h45 ↓

♓

Taillez les bordures de buis. C'est la plante parfaite pour structurer les petits espaces (les patios, les entrées, les terrasses...). Le buis est modulable à l'infini, en fonction du goût et du talent de chaque jardinier. Grâce à lui, tout est possible, ou presque, depuis la simple boule jusqu'à la magnifique topiaire sculptée.

24 vendredi

Saint-Modeste

☼ 7h42 ↑ 18h25 ↓
☾ 9h37 ↑

♈

Nœud lunaire. Ne travaillez pas au jardin.

25 samedi

Saint-Roméo

☼ 7h41 ⬆ 18h27 ⬇
☾ 9h56 ⬆ 00h03 ⬇

Prélevez les greffons des fruitiers et mettez-les en jauge. Greffez-les en fente durant les mois de mars et d'avril, pendant une lune descendante. Sur les fruitiers, vous pouvez aussi pulvériser de la bouillie bordelaise.

26 dimanche

Saint-Nestor

☼ 7h39 ⬆ 18h28 ⬇
☾ 10h18 ⬆ 1h20 ⬇

Multipliez les souches de cognassiers du Japon, de phlox, d'asters, de pieds-d'alouette, de rudbeckias, de yuccas... Le cognassier du Japon fait partie des arbustes à floraison printanière parmi les plus faciles à réussir. C'est une plante qui s'adapte à tous les sols et toutes les régions.

27 lundi

Sainte-Honorine

☼ 7h37 ⬆ 18h30 ⬇ ◐ à 9h06
☾ 10h46 ⬆ 2h34 ⬇

Dans un mélange léger, en caissette et au chaud, vous pouvez maintenant semer le céleri-rave. Couvrez légèrement les graines et tassez. Le terreau doit rester humide. Couvrez-le de plusieurs feuilles de papier journal humidifiées. Le céleri-rave apprécie un climat tempéré : il aime l'humidité, mais pas trop ; il apprécie le soleil, mais pas trop non plus. C'est une plante réservée aux jardiniers qui ont de l'expérience.

28 mardi

Saint-Romain

☼ 7h35 ↑ 18h32 ↓
☾ 11h21 ↑ 3h43 ↓

♉

Semez des radis en pleine terre en les protégeant si cela s'avère nécessaire. Plantez les radis dans les rangs de carottes ou de laitues : les radis poussent plus vite que les carottes qui sont assez lentes à germer. Ils protègent aussi les laitues de nombreux insectes nuisibles.

mars

1	mercredi	♊
2	jeudi	♊
3	vendredi	♋
4	samedi	♋
5	dimanche	♌
6	lundi	♌
7	mardi	♌
8	mercredi	♍
9	jeudi	♍
10	vendredi	♍
11	samedi	♍
12	dimanche	♎
13	lundi	♎
14	mardi	♏
15	mercredi	♐
16	jeudi	♐
17	vendredi	♑
18	samedi	♑
19	dimanche	♒
20	lundi	♒
21	mardi	♓
22	mercredi	♓
23	jeudi	♓
24	vendredi	♈
25	samedi	♉
26	dimanche	♉
27	lundi	♉
28	mardi	♊
29	mercredi	♊
30	jeudi	♊
31	vendredi	♋

1er mercredi

Saint-Aubain

☼ 7h33 ↑ 18h33 ↓
☾ 12h07 ↑ 4h45 ↓

♊

Taillez les mimosas. Lorsque l'on évoque le mimosa, on pense tout de suite à la Côte d'Azur. Pourtant, ce superbe arbuste décoratif est originaire d'Australie et n'a été introduit dans le sud de la France que vers 1850. Le mimosa présente beaucoup d'avantages : une fabuleuse valeur ornementale, un beau feuillage vert clair persistant, une croissance rapide (30 à 60 cm par an), une belle longévité (jusqu'à 50 ans). Importante pour la santé et la beauté de la plante, la taille du mimosa n'est pas difficile : elle consiste à couper le tiers ou la moitié des rameaux défleuris, juste au-dessus d'une feuille ou d'une pousse, selon qu'il s'agisse d'une branchette ou d'une branche plus importante, pour que de nouvelles tiges naissent à l'aisselle des feuilles ou des pousses.

2 jeudi

Saint-Charles

☼ 7h31 ↑ 18h35 ↓
☾ 13h02 ↑ 5h35 ↓

♊

Commencez les semis : la germination sera accélérée, avec un excellent enracinement et sans excès de feuilles.

3 vendredi

Saint-Guénolé

☼ 7h29 ↑ 18h36 ↓
☾ 14h05 ↑ 6h15 ↓

♋

Apogée. Ne travaillez pas au jardin.

4 samedi
Saint-Casimir

☼ 7h27 ↑ 18h38 ↓
☾ 15h13 ↑ 6h46 ↓

Taillez les arbustes à feuillage d'ornement. Pour les persistants, vous pouvez vous contenter d'une taille légère. Taillez les cotonéasters et les éléagnus. Pensez aussi aux aromatiques qui vous seront utiles en cuisine : divisez les touffes d'oseille, de ciboulette et d'estragon.

5 dimanche
Sainte-Olive

☼ 7h25 ↑ 18h39 ↓
☾ 16h23 ↑ 7h09 ↓

Enlevez le tapis d'herbe sous les fruitiers pour éviter un débourrement trop rapide favorisant le gel des fleurs. Binez et bêchez en surface afin que le sol soit nu, puis installez un paillis à longue durée de vie : copeaux de bois, écorces de pin...

6 lundi
Sainte-Colette

☼ 7h23 ↑ 18h41 ↓
☾ 17h32 ↑ 7h28 ↓

Si ce n'est déjà fait, et en fonction des besoins, vous pouvez pulvériser de la bouillie bordelaise. Pour les fruitiers, les rosiers et les arbustes à feuillages caducs, effectuez une pulvérisation préventive durant l'automne, après la chute des feuilles, et une autre au printemps, avant l'apparition des bourgeons. Il est généralement conseillé de pulvériser en soirée et par temps sec.

7 mardi

Sainte-Félicité

☼ 7h21 ⬆ 18h43 ⬇ ● à 13h42
☾ 18h42 ⬆ 7h44 ⬇

Taillez les fruitiers palissés, les cordons et les petites formes libres à 3 yeux afin de favoriser une bonne fructification. Vous pouvez intervenir sur les pommiers, abricotiers, pêchers et poiriers.

8 mercredi

Saint-Jean

☼ 7h19 ⬆ 18h44 ⬇
☾ 19h51 ⬆ 7h59 ⬇

Préparez les massifs à terre de bruyère. Les plantes de bruyère apprécient particulièrement les sols acides, frais et bien drainés. Généralement, elles n'aiment pas le soleil direct et lui préfèrent la mi-ombre. Le climat atlantique leur convient particulièrement bien.

9 jeudi

Sainte-Françoise

☼ 7h17 ⬆ 18h46 ⬇
☾ 21h02 ⬆ 8h12 ⬇

La terre de bruyère constitue un substrat à part. Elle est légère, sableuse, drainante, humifère, aérée et acide (pH entre 4 et 5). Attention à différencier la vraie terre de bruyère et la terre « dite » de bruyère. La première se trouve dans la nature (sous-bois riches en sable, pieds des résineux, landes sableuses) et est issue de la décomposition de bruyères (tiges, feuilles, racines). La seconde, plus facile à trouver dans le commerce, présente une composition variable : sable, tourbe, fibres végétales, engrais...

10 vendredi

Saint-Vivien

☼ 7h14 ⬆ 18h47 ⬇
☾ 22h14 ⬆ 8h27 ⬇

C'est maintenant la dernière limite pour épandre en pleine terre les engrais concentrés à base d'algues. Si elles passent pour être une grande nouveauté au jardin, les algues sont pourtant utilisées depuis fort longtemps, initialement épandues sur les champs. Les algues sont riches en vitamines et minéraux qui peuvent être bénéfiques aux plantes, notamment pour corriger des carences ou compléter une fertilisation naturelle. Elles constituent un engrais très équilibré qui peut être appliqué en toute sécurité à de nombreux types de plantes. Des formulations spéciales qui ont été développées pour des types particuliers de plantes sont également disponibles.

11 samedi

Sainte-Rosine

☼ 7h12 ⬆ 18h49 ⬇
☾ 23h29 ⬆ 8h42 ⬇

Nœud lunaire. Ne travaillez pas au jardin.

12 dimanche

Sainte-Justine

☼ 7h10 ⬆ 18h50 ⬇
☾ 9h01 ⬇

Taillez les arbustes à floraison estivale : lilas des Indes, buddleias, symphorines, tamaris... Leur végétation va bientôt démarrer. D'autre part, si ce n'est pas encore fait, commencez les semis : la germination sera accélérée, avec un excellent enracinement et sans excès de feuilles.

13 lundi

Saint-Rodrigue

☼ 7h08 ⬆ 18h52 ⬇
☾ 00h47 ⬆ 9h25 ⬇

Les hortensias, c'est superbe... quand ils sont bien fleuris. Pour favoriser la floraison, pratiquez une taille de rajeunissement. Avec le temps, les tiges vieillissent (leur écorce est crevassée), et les fleurs qu'elles portent sont moins belles. Supprimez entre une et trois branches âgées chaque année, en les coupant à ras. Cela favorisera le départ, à la base, de jeunes tiges vigoureuses.

14 mardi

Sainte-Mathilde

☼ 7h06 ⬆ 18h53 ⬇
☾ 2h06 ⬆ 9h59 ⬇

Pour le plaisir des yeux, vous protéger du vent ou du regard indiscret des voisins, plantez une haie d'arbustes feuillus. Creusez des trous tous les mètres, enrichissez à l'aide de compost, pralinez les racines. Mettez ensuite en place, rebouchez les trous de plantation et tassez. Arrosez, sauf s'il y a un risque de gelée.

15 mercredi

Sainte-Louise

☼ 7h04 ⬆ 18h55 ⬇ ◐ à 3h10
☾ 3h21 ⬆ 10h46 ⬇

Greffez les fruitiers en fente et en incrustation avec les greffons prélevés en hiver. Positionnez les greffons, ligaturez, mastiquez et protégez des oiseaux. D'autre part, vous pouvez arracher les pousses des framboisiers qui sont en surnombre.

16 jeudi

Sainte-Bénédicte

☼ 7h02 ⬆ 18h56 ⬇
☾ 4h28 ⬆ 11h48 ⬇

Semez les concombres, les cornichons et les melons au chaud. Il leur faut une bonne vingtaine de degrés pour lever régulièrement. Il faudra les repiquer une fois en godet avant d'enfin les installer au jardin.

17 vendredi

Saint-Patrice

☼ 7h00 ⬆ 18h58 ⬇
☾ 5h19 ⬆ 13h06 ⬇

Semez des radis 'Bamba', 'Flamboyant' et 'National' sous châssis ou en tunnel. Pour qu'ils ne deviennent pas filiformes, vous devez semer les radis demi-longs à un bon centimètre de profondeur. Radis de tous les mois ou à forcer, le radis 'Bamba' ne se creuse pas. Le creusement du radis est l'apparition des sillons dans la racine de ce dernier, ce qui détériore le goût : il devient plus piquant.

18 samedi

Saint-Cyrille

☼ 6h58 ⬆ 19h00 ⬇
☾ 5h58 ⬆ 14h32 ⬇

Cap sur le potager ! Semez des navets en pleine terre, dans un sol bien enrichi. Ils seront à éclaircir à 10 cm sur la ligne. Optez pour la variété 'de Nancy' qui attire peu les vers. Ce navet est une plante potagère bisannuelle, cultivée en annuelle, pour semis de printemps et d'automne. Il permet de réaliser de fortes récoltes et est résistant au froid.

19 dimanche

Saint-Joseph

☼ 6h56 ↑ 19h01 ↓
☾ 6h26 ↑ 16h01 ↓

Périgée. Ne travaillez pas au jardin.

20 lundi

Sainte-Sandra

☼ 6h54 ↑ 19h03 ↓
☾ 6h48 ↑ 17h28 ↓

Semez des annuelles rustiques (pied-d'alouette, immortelle, nigelle...) qui permettent de garnir les plates-bandes à moindres frais. Vous pouvez aussi semer des mélanges que vous trouvez dans les commerces spécialisés. Ratissez en veillant à ne pas regrouper les graines.

21 mardi

Sainte-Clémence

☼ 6h51 ↑ 19h04 ↓ ● à 18h26
☾ 7h06 ↑ 18h53 ↓

Vous pouvez commencer les traitements fongiques. Le soir, tous les 15 jours, pulvérisez du purin d'ortie sur les feuilles de vos légumes, de vos fleurs et de vos arbres. En dilution à 10 % ou 20 %, en arrosage au pied des plantes pour hâter la pousse des feuilles. En pulvérisation, après filtration du purin et dilution à 10 % ou 20 %, sur les sols et sur les plantes.

22 mercredi

Sainte-Léa

☼ 6h49 ↑ 19h06 ↓
☾ 7h23 ↑ 20h16 ↓

♓

Dans une terre qui a été préalablement bien préparée et ratissée, semez la pelouse en croisant vos passages. Plombez le semis au rouleau. Arrosez jusqu'à la levée. Pour les pelouses dégradées, il existe des mélanges « spécial regarnissage » qui donneront une seconde jeunesse à votre pelouse. Certes, ils sont un peu plus onéreux que les autres, mais ils donnent d'excellents résultats.

23 jeudi

Saint-Victorien

☼ 6h47 ↑ 19h07 ↓
☾ 7h39 ↑ 21h36 ↓

♓

Semez en arrosant modérément avec du purin d'ortie. Si le temps est froid et le sol détrempé, il est inutile de semer. Il est préférable d'attendre que les conditions météorologiques s'améliorent.

24 vendredi

Sainte-Catherine

☼ 6h45 ↑ 19h09 ↓
☾ 7h57 ↑ 22h56 ↓

♈

Nœud lunaire. Ne travaillez pas au jardin.

25 samedi

Sainte-Lucie

☼ 6h43 ↑ 19h10 ↓
☾ 8h18 ↑

C'est le bon moment pour semer le panais dont la levée est parfois un peu capricieuse. La faculté germinative n'est que d'un an seulement. Ce légume ancien et oublié regagne aujourd'hui de légitimes lettres de noblesse. Sa saveur n'est pas étrangère à son succès actuel : le panais développe un goût légèrement sucré, avec un arôme épicé très agréable.

26 dimanche

Sainte-Larissa

☼ 7h41 ↑ 20h12 ↓
☾ 8h44 ↑ 00h15 ↓

Passage à l'heure d'été.
En pépinière, semez des poireaux 'Jaune Gros du Poitou', 'Malabare', 'Gros Long d'Été'. Il vous faudra éclaircir les jeunes plants tous les 5 cm. Le poireau 'Jaune Gros du Poitou' est une intéressante variété hâtive, à fût très gros, court et bien blanc. Ses feuilles d'un joli vert blond sont longues et larges. Ce poireau a une excellente valeur gustative.

27 lundi

Saint-Habib

☼ 7h39 ↑ 20h13 ↓
☾ 10h16 ↑ 2h28 ↓

Dans le jardin d'agrément, multipliez les souches des asters, des phlox, des yuccas, des cognassiers du Japon, des pieds-d'alouette, des rudbeckias... Sous le nom « yucca », vous trouvez entre 40 et 50 espèces de plantes vivaces arbustives d'un grand intérêt ornemental.

28 mardi

Saint-Gontrand

☼ 7h37 ↑ 20h15 ↓
☾ 10h59 ↑ 3h35 ↓

Éclaircissez les impatiens qui ont été semées au mois de février. C'est une excellente plante pour les jardins ombragés. L'impatiens arbore des belles fleurs multicolores qui s'ouvrent tout au long de l'été. Magnifique !

29 mercredi

Sainte-Gladys

☼ 7h35 ↑ 20h16 ↓ ◐ à 4h33
☾ 11h51 ↑ 4h30 ↓

C'est le bon moment pour repiquer les bégonias que vous avez semés dans le courant du mois de janvier. Attention, à sa frilosité : il s'agit d'une plante d'origine tropicale à cultiver en intérieur ou comme une annuelle en extérieur. Le bégonia apprécie une lumière vive, mais sans soleil direct.

30 jeudi

Saint-Amédée

☼ 7h33 ↑ 20h18 ↓
☾ 12h52 ↑ 5h15 ↓

Plantez des anémones de Caen. C'est une plante facile à cultiver qui aime une exposition ensoleillée, un sol léger et drainé, au pH neutre. L'anémone de Caen est aussi facile d'entretien : aucune taille n'est nécessaire, mais vous pouvez supprimer les fleurs fanées au fur et à mesure pour stimuler l'apparition de nouvelles fleurs. Une fois le feuillage fané (pas avant !), vous pouvez rabattre au plus court avant l'hiver et protéger le pied d'un paillis de feuilles séchées.

31 vendredi

Saint-Benjamin

☼ 7h30 ⬆ 20h19 ⬇
☾ 13h59 ⬆ 5h49 ⬇

Apogée. Ne travaillez pas au jardin.

mars

avril

1 Samedi	fruit	☾▼	♌
2 Dimanche	fruit	☾▼	♌
3 Lundi	fruit	☾▼	♌
4 Mardi	racine	☾▼	♍
5 Mercredi	racine	☾▼	♍
6 Jeudi	racine	☾▼	♍
7 Vendredi	racine	☾▼	♍
8 Samedi	fleur	☾▼	♎
9 Dimanche	fleur	☾▼	♎
10 Lundi	feuille	☾▼	♏
11 Mardi	fruit	☾▼	♐
12 Mercredi	fruit	☾▲	♐
13 Jeudi	fruit	☾▲	♐
14 Vendredi	racine	☾▲	♑
15 Samedi	racine	☾▲	♑
16 Dimanche	fleur	☾▲	♒
17 Lundi	feuille	☾▲	♓
18 Mardi	feuille	☾▲	♓
19 Mercredi	feuille	☾▲	♓
20 Jeudi	fruit	☾▲	♈
21 Vendredi	fruit	☾▲	♈
22 Samedi	racine	☾▲	♉
23 Dimanche	racine	☾▲	♉
24 Lundi	racine	☾▲	♉
25 Mardi	fleur	☾▼	♊
26 Mercredi	fleur	☾▼	♊
27 Jeudi	feuille	☾▼	♋
28 Vendredi	feuille	☾▼	♋
29 Samedi	fruit	☾▼	♌
30 Dimanche	fruit	☾▼	♌

1er samedi

Saint-Hugues

☼ 7h28 ↑ 20h21 ↓
☾ 15h08 ↑ 6h14 ↓

Plantez en fonction de la place disponible des groseilliers, des cassissiers, des framboisiers et des fraisiers remontants. Enrichissez le sol en compost, mettez en place et arrosez. Si vous aimez la saveur des fraises, les fraisiers remontants sont faits pour vous ! Ils donnent des fruits plusieurs fois par an, entre fin mai et le début des premières gelées. Les fraisiers remontants les plus connus sont 'Mara des bois', 'Charlotte', 'Maestro'.

avril

2 dimanche

Sainte-Sandrine – Dimanche des Rameaux

☼ 7h26 ↑ 20h22 ↓
☾ 16h18 ↑ 6h35 ↓

Taillez les pêchers juste avant qu'ils ne commencent leur floraison. Supprimez les rameaux qui ont fructifié l'année précédente. Sans taille, le pêcher vieillit prématurément et cesse de donner des fruits.

3 lundi

Saint-Richard

☼ 7h24 ↑ 20h24 ↓
☾ 17h28 ↑ 6h51 ↓

Prélevez les drageons (les pousses qui se développent au départ d'un bourgeon placé sur une racine à une distance plus ou moins éloignée du pied mère, qui devient autonome et se comporte comme le végétal d'origine) des lilas et des rosiers.

4 mardi

Saint-Isidore

☼ 7h22 ↑ 20h25 ↓
☾ 18h38 ↑ 7h06 ↓

Préparez les massifs à terre de bruyère. Les plantes de terre de bruyère apprécient les terres acides, fraîches et correctement drainées. Par contre, elles ne supportent pas la présence de calcaire. En général, ces plantes apprécient peu le soleil direct et se plaisent pour la plupart à la mi-ombre. On retrouve dans cette intéressante catégorie le rhododendron, la gaulthérie, le camélia, le magnolia, l'azalée ainsi que les bruyères d'été et d'hiver.

5 mercredi

Sainte-Irène

☼ 7h20 ↑ 20h27 ↓
☾ 19h49 ↑ 7h20 ↓

Coupez les arbres à l'exception des résineux, destinés à la charpente et au bois d'extérieur. Le bois d'œuvre gagne à être coupé en lune descendante, en évitant cependant le dernier jour de cette période. Le bois de charpente, quant à lui, gagne à être coupé en Lion, Vierge, Balance, Scorpion ou Sagittaire. Pour éviter qu'il ne travaille ou qu'il n'éclate, coupez-le en Scorpion ou en Balance.

6 jeudi

Saint-Marcellin

☼ 7h20 ↑ 20h27 ↓ ● à 6h37
☾ 21h01 ↑ 7h34 ↓

Dans les régions connaissant un climat humide et froid, plantez l'ail rose, l'échalote et l'oignon de couleur.

7 vendredi

Vendredi saint – Saint-Jean-Baptiste

☼ 7h16 ⬆ 20h30 ⬇
☾ 22h16 ⬆ 7h49 ⬇

Nœud lunaire. Ne travaillez pas au jardin.

8 samedi

Sainte-Julie

☼ 7h14 ⬆ 20h31 ⬇
☾ 23h36 ⬆ 8h06 ⬇

Si ce n'est pas encore fait, vous pouvez toujours planter les arbustes de terre de bruyère (hortensia, camélia, magnolia, rhododendron, azalée de Chine...) qui reprennent mieux en cette saison, même s'ils ont été achetés en conteneurs. L'azalée de Chine est en réalité un rhododendron de type « buisson » qui a une particularité : ses fleurs apparaissent et s'ouvrent avant les feuilles. Certes, ce n'est pas la seule plante fleurie qui possède cette propriété, mais il faut reconnaître qu'elles ne sont pas très nombreuses. Dotée d'un système racinaire superficiel, elle peut atteindre 1,80 m de haut. Elle arbore un agréable feuillage caduc, ainsi que des coloris dans des tons rouges, orange, jaunes ou blancs. Seul petit bémol : sa croissance est relativement lente.

9 dimanche

Saint-Gauthier – dimanche de Pâques

☼ 7h12 ⬆ 20h33 ⬇
☾ 8h29 ⬇

Repiquez les fleurs annuelles dans les plates-bandes. Installez des dahlias le long de vos allées, ainsi que des bégonias tubéreux. Plantez les griffes de muguet.

10 lundi

Saint-Fulbert – lundi de Pâques

☼ 7h10 ↑ 20h34 ↓
☾ 00h56 ↑ 9h00 ↓

Première tonte de la pelouse ! N'oubliez pas de rouler le gazon jusqu'à la mi-juin. Évitez les jours Feuilles pour arroser. Tondez quand l'herbe est sèche et 30 % plus haute que la taille conseillée : 2 à 3 cm pour les graminées de climat chaud, 6 à 7 cm pour celles de climat froid. Tondez dans des directions différentes à chaque tonte. Laissez les déchets de tonte en place s'ils sont courts et bien disséminés.

11 mardi

Saint-Stanislas

☼ 7h08 ↑ 20h36 ↓
☾ 2h13 ↑ 9h42 ↓

Limitez la cloque du pêcher avec, tous les 10 jours, du purin d'ortie dilué à 5 % et des algues calcaires à 2 %. La cloque est facile à reconnaître : elle se caractérise par des feuilles cloquées, enroulées sur elles-mêmes, avec un changement de couleur (du jaune au rouge vif). L'arbre perd prématurément son feuillage. Les jeunes rameaux se déforment et il y a un écoulement de gomme.

12 mercredi

Saint-Jules

☼ 7h06 ↑ 20h37 ↓
☾ 3h23 ↑ 10h39 ↓

Si vous avez la chance de posséder des ruches, sachez que les interventions réalisées en dates Fruits ont tendance à augmenter la production du précieux miel.

13 jeudi

Sainte-Ida

☼ 7h04 ⬆ 20h39 ⬇ ◐ à 11h12
☾ 4h18 ⬆ 11h51 ⬇

La lune montante et décroissante a une influence sur la stimulation des fruits et des graines. C'est donc une période idéale pour semer, planter, cueillir, récolter les arbres fruitiers, les petits fruits, ainsi que les légumes-fruits. En lune décroissante, l'activité de la sève est davantage présente dans les parties aériennes des végétaux. Vous pouvez semer tout ce qui ne doit pas monter en graine : les salades, les oignons, les épinards... C'est aussi la bonne période pour effectuer les récoltes en vue d'une longue conservation.

14 vendredi

Saint-Maxime

☼ 7h02 ⬆ 20h40 ⬇
☾ 4h59 ⬆ 13h13 ⬇

Si, dans le jardin potager, vous redoutez la teigne et la mouche du poireau, semez en place des carottes à proximité de vos poireaux.

15 samedi

Saint-Paterne

☼ 7h00 ⬆ 20h42 ⬇
☾ 5h29 ⬆ 14h38 ⬇

Vous avez la chance de posséder un bassin d'eau dans votre jardin ? C'est génial ! Pour éliminer les déchets toxiques issus de la décomposition des feuilles, videz les trois quarts de votre bassin d'eau. Faites attention de ne pas éliminer les bourgeons des nénuphars, ni les escargots d'eau. Faites aussi attention aux poissons !

16 dimanche

Sainte-Bernadette

☼ 6h58 ↑ 20h43 ↓
☾ 5h52 ↑ 16h04 ↓

♒

Périgée. Ne travaillez pas au jardin.

17 lundi

Saint-Anicet

☼ 6h56 ↑ 20h45 ↓
☾ 6h11 ↑ 18h28 ↓

♓

Semez directement en place des fleurs annuelles en arrosant en pluie fine jusqu'au moment de la levée. Vous disposez d'un vaste choix : immortelles, pavots de Californie, cosmos, clarkias, capucines, coquelicots, bleuets... Les annuelles combleront avec bonheur les vides dans vos bordures et massifs. Leurs avantages résident dans leur croissance rapide, leur longue floraison, leur facilité de culture et leur prix d'achat vraiment très raisonnable.

18 mardi

Saint-Parfait

☼ 6h54 ↑ 20h46 ↓
☾ 6h27 ↑ 18h49 ↓

♓

Sous châssis, à une température d'au moins 15 °C, vous pouvez maintenant semer du céleri en branche en veillant à maintenir une humidité permanente. Pour vous aider, couvrez jusqu'à la levée à l'aide de papier journal humide. Il faudra repiquer, toujours en pépinière, lorsque le plant aura 3 feuilles.

19 mercredi

Sainte-Emma

☼ 6h52 ↑ 20h48 ↓
☾ 6h43 ↑ 20h09 ↓

C'est une bonne journée pour semer le chou frisé très rustique. Il sera plus productif si vous le repiquez une fois avant la plantation définitive ; cette opération favorisant le bon développement des racines. C'est aussi le moment pour semer en place de la roquette, du pourpier et du cresson alénois qui agrémenteront vos salades. Le cresson alénois est peu exigeant au jardin, et précieux en cuisine, par sa saveur et par ses apports : il est riche en vitamines C et E, en calcium, en fer et en manganèse.

avril

20 jeudi

Sainte-Odette

☼ 6h50 ↑ 20h49 ↓ ● à 6h15
☾ 7h00 ↑ 21h30 ↓

Nœud lunaire. Début de la lune rousse. Ne travaillez pas au jardin.

21 vendredi

Saint-Anselme

☼ 6h48 ↑ 20h50 ↓
☾ 7h20 ↑ 22h50 ↓

Vous pouvez replanter les boutures des groseilliers. Ce petit arbuste à enracinement superficiel est un atout au jardin et une aubaine pour le jardinier. S'il a besoin d'eau pour bien fructifier, le groseillier est facile à cultiver : sa plantation (après les gelées) en exposition ensoleillée n'est pas difficile, son entretien ne demande pas beaucoup de temps ni de travail, les tailles peuvent être sévères et les apports d'engrais ne sont pas obligatoires.

22 samedi

Saint-Alexandre

☼ 6h46 ↑ 20h52 ↓
☾ 7h43 ↑

En rangs larges espacés d'environ 20 cm, semez des navets 'À forcer Nantais' ou 'Jaune Boule d'Or'. Vous pourrez les récolter dans deux mois. Complémentairement, vous pouvez commencer un premier semis de radis d'été 'Glaçon' et 'Rosée de Pâques'. Ils produiront dans à peu près 5 à 6 semaines. Ces gros radis, appelés aussi radis raves, résistent mieux à la sécheresse. Enterrez les graines à un bon centimètre de profondeur et arrosez régulièrement.

23 dimanche

Saint-Georges

☼ 6h44 ↑ 20h53 ↓
☾ 8h12 ↑ 00h07 ↓

Dans une terre enrichie de compost, repiquez les poireaux d'été. Habillez-les en coupant la moitié du feuillage et en raccourcissant les racines à 2 cm. Ouvrez un sillon profond, arrosez jusqu'au refus, plantez les poireaux à l'aide d'un plantoir, refermez le sillon et installez un paillage.

24 lundi

Saint-Fidèle

☼ 6h43 ↑ 20h55 ↓
☾ 8h50 ↑ 1h19 ↓

En pépinière, semez des choux-raves. Il faudra ensuite les repiquer dans le potager, sur la ligne, à 20 cm les uns des autres, en veillant à enterrer le collet, puis à butter à la formation de la pomme.

avril

25 mardi

Saint-Marc

☼ 6h41 ↑ 20h56 ↓
☾ 9h39 ↑ 2h20 ↓

Dans le jardin d'agrément, plantez les glaïeuls à 10 cm de profondeur et à 20 cm les uns des autres. Le glaïeul apprécie tous les types de sols, mais il marque une préférence pour une situation ensoleillée et un sol bien drainé (une eau stagnante fait pourrir les bulbes).

26 mercredi

Sainte-Alida

☼ 6h39 ↑ 20h58 ↓
☾ 10h37 ↑ 3h11 ↓

Taillez les arbustes défleuris en veillant à bien aérer le centre des touffes. Supprimez le vieux bois, taillez au-dessus d'un œil tourné vers l'extérieur.

27 jeudi

Sainte-Zita

☼ 6h37 ↑ 20h59 ↓ ◐ à 23h21
☾ 11h43 ↑ 3h49 ↓

C'est le moment de scarifier votre pelouse. Le scarificateur, en particulier manuel, est un substitut durable et écologique aux produits phytosanitaires chimiques, pour redonner à la pelouse toute sa vigueur et sa beauté. La scarification du gazon consiste à pratiquer des incisions dans le sol afin de sectionner et de désagréger le feutre et les mousses de la pelouse. Elle favorise la densification du gazon, et limite la propagation des maladies. Il est conseillé d'en pratiquer une ou deux par an : une en mars-avril avant la première tonte ; et une en automne.

28 vendredi

Sainte-Valérie

☼ 6h35 ↑ 21h01 ↓
☾ 12h52 ↑ 4h17 ↓

♋

Apogée. Ne travaillez pas au jardin.

29 samedi

Sainte-Catherine de Sienne

☼ 6h34 ↑ 21h02 ↓
☾ 14h02 ↑ 4h39 ↓

♌

Dans le jardin potager, à côté des tomates, installez des œillets d'Inde qui éloigneront les nématodes. Ceux-ci entraînent des modifications dans le développement des végétaux. Ils peuvent être vecteurs de maladies virales ou bactériennes.

30 dimanche

Saint-Robert

☼ 6h32 ↑ 21h04 ↓
☾ 15h12 ↑ 4h57 ↓

♌

C'est la toute dernière limite pour effectuer la taille de vos superbes rosiers. Veillez à ne pas les tailler trop court car ils mettraient alors beaucoup plus de temps à fleurir. La taille des rosiers se fait à deux grandes périodes de l'année : à l'automne et au printemps. Contrairement à la tradition, la taille d'automne ne doit pas être aussi sévère que celle de printemps. Très courants, les rosiers en conteneur n'ont pas besoin d'être taillés à la plantation. Ce sont des rosiers fleuris, vendus en pot. Il vous suffit de supprimer les fleurs fanées au fur et à mesure pour favoriser les nouvelles floraisons. La première vraie taille devra être réalisée en fin d'hiver, l'année suivant la plantation.

mai

1	lundi
2	mardi
3	mercredi
4	jeudi
5	vendredi
6	samedi
7	dimanche
8	lundi
9	mardi
10	mercredi
11	jeudi
12	vendredi
13	samedi
14	dimanche
15	lundi
16	mardi
17	mercredi
18	jeudi
19	vendredi
20	samedi
21	dimanche
22	lundi
23	mardi
24	mercredi
25	jeudi
26	vendredi
27	samedi
28	dimanche
29	lundi
30	mardi
31	mercredi

1er lundi

Saint-Jérémie – Fête du Travail

☼ 6h30 ↑ 21h05 ↓
☾ 16h20 ↑ 5h13 ↓

Plantez les pommes de terre précoces 'Charlotte', 'Roseval', 'Amandine' et 'Belle de Fontenay'. Elles résistent mieux aux larves des taupins et des limaces. Vous les butterez dès que les feuillages atteignent 25 cm de haut. Prévoyez un écartement suffisant entre les lignes. Le buttage est indispensable pour maintenir les plants, favoriser le développement des tubercules et éviter leur verdissement.

2 mardi

Saint-Boris

☼ 6h28 ↑ 21h07 ↓
☾ 17h31 ↑ 5h27 ↓

En sol léger, plantez des crosnes par poquets de 3 tubercules entiers, à 40 cm en tous sens, et à 10 cm de profondeur. Le poquet est le trou dans lequel on sème plusieurs graines ou tubercules. Il s'agit d'une variante du semis en ligne, pour lequel une graine est déposée seule à intervalle régulier.

3 mercredi

Saint-Philippe

☼ 6h27 ↑ 21h08 ↓
☾ 18h42 ↑ 5h40 ↓

Éclaircissez les carottes et les betteraves semées au début du mois d'avril. D'autre part, repiquez les céleris-raves semés aux alentours de la mi-mars. En rangs espacés d'environ 30 cm, et à une distance de 10 cm, installez les poireaux qui ont été semés au début du mois de février.

4 jeudi

Saint-Sylvain

☼ 6h25 ↑ 21h10 ↓
☾ 19h57 ↑ 5h54 ↓

♍

Nœud lunaire. Ne travaillez pas au jardin.

5 vendredi

Sainte-Judith

☼ 6h23 ↑ 21h11 ↓ ● à 19h36
☾ 21h16 ↑ 6h11 ↓

♎

Dans le jardin d'agrément, dans les régions à climat doux, plantez les annuelles qui ont été semées fin janvier. Si les annuelles sont souvent du plus bel effet au jardin, elles agrémentent aussi le balcon ou la terrasse en trouvant place dans des pots, des jardinières ou des jardinières suspendues. Dans tous les cas, elles permettent de dynamiser l'aménagement paysager. Il faut les remplacer chaque année, ce qui permet de renouveler le décor extérieur.

6 samedi

Sainte-Prudence

☼ 6h22 ↑ 21h13 ↓
☾ 22h38 ↑ 6h32 ↓

♎

Dans le jardin d'agrément ou sur le balcon, mettez en pots et en jardinières les pétunias et les impatiens. Vous pouvez aussi tailler les lilas défleuris en les rééquilibrant. Bouturez vos vivaces sans oublier de les étiqueter. Originaire des régions tropicales d'Amérique du Sud, le pétunia est une plante facile à vivre. Il s'épanouit du début du printemps jusqu'aux gelées, renouvelant sans cesse ses fleurs.

7 dimanche

Sainte-Gisèle

☼ 6h20 ↑ 21h14 ↓
☾ 7h00 ↓

Semez les plantes qui s'avéreront nécessaires à la lutte phytosanitaire : les soucis, la tanaisie et les capucines.

8 lundi

Saint-Désiré – Armistice 1945

☼ 6h19 ↑ 21h15 ↓
☾ 0h00 ↑ 7h39 ↓

Lorsque les plants arborent cinq feuilles, repiquez sous abri les chicorées qui ont été semées au début du mois d'avril, en espaçant d'une dizaine de centimètres en tous sens. En pépinière, repiquez les choux cabus et les choux de Bruxelles. Commencez aussi la récolte de la rhubarbe en tordant les pétioles pour les arracher.

9 mardi

Saint-Pacôme

☼ 6h17 ↑ 21h17 ↓
☾ 1h14 ↑ 8h31 ↓

Prélevez des greffons vigoureux sur les plantes que vous désirez greffer, mettez en jauge et procédez à la greffe dans deux mois, en lune descendante et jour Fruits.

10 mercredi

Sainte-Solange

☼ 6h16 ↑ 21h18 ↓
☾ 2h15 ↑ 9h41 ↓

Dans le jardin potager, semez des haricots mange-tout, verts ou beurre à écosser. Renouvelez les semis de haricots jusque dans le courant du mois de juillet, à raison d'une fois par mois. N'enterrez pas trop les graines. Pour les haricots nains, espacez les rangs de 40 à 50 cm et déposez un grain tous les 4 à 5 cm. Pour les haricots grimpants, déposez 5 à 8 grains en poquet tous les 40 à 50 cm, sur deux rangs espacés de 75 cm. Bonne nouvelle : les haricots grimpants sont faciles à cultiver, très productifs, se récoltent facilement et pendant longtemps. Les grimpants ont besoin d'une terre suffisamment réchauffée pour bien germer. Sous 12 °C, la germination est aléatoire.

11 jeudi

Saint-Mamert – Saints de glace

☼ 6h14 ↑ 21h20 ↓
☾ 3h01 ↑ 11h01 ↓

Périgée. Ne travaillez pas au jardin.

12 vendredi

Saint-Pancrace – Saints de glace

☼ 6h13 ↑ 21h21 ↓ ◑ à 16h29
☾ 3h34 ↑ 12h25 ↓

Saint-Pancrace, Saint-Mamert et Saint-Servais sont les saints de glace qui marquent une période climatologique étalée sur 3 jours, du 11 au 13 mai. Ils étaient jadis invoqués par les agriculteurs et jardiniers pour anticiper l'effet d'une baisse de la température qui provoquait le gel. Une fois cette période passée, le gel ne devait plus être craint.

13 samedi

Saint-Servais – Saints de glace

☼ 6h11 ↑ 21h22 ↓
☾ 3h58 ↑ 13h50 ↓

Dans le jardin d'agrément, semez en place les fleurs annuelles en recouvrant légèrement les graines. Arrosez en pluie fine. Parmi les annuelles les plus connues et les plus appréciées, on retrouve violette, capucine, géranium, giroflée, pavot de Californie, pois de senteur, pensée, primevère, cosmos, souci...

14 dimanche

Saint-Mathias – Fête des Mères (Belgique)

☼ 6h10 ↑ 21h24 ↓
☾ 4h17 ↑ 15h12 ↓

En pépinière, semez les brocolis 'Minaret' et 'Green Magic'. Enterrez les graines à 2 cm, tassez avec le dos du râteau et arrosez.

15 lundi

Sainte-Denise

☼ 6h09 ↑ 21h25 ↓
☾ 4h34 ↑ 16h31 ↓

Renouvelez les semis des salades : roquette, pourpier, batavia, laitue pommée et laitue à couper. Choisissez bien les variétés et semez des laitues pommées qui résistent à la montée en graine : 'Sucrine', 'Reine des glaces', 'Merveille des Saisons'. Vous pouvez aussi semer du mesclun. Préférez les mélanges sans roquette car celle-ci a tendance à dominer les autres plantes.

16 mardi

Saint-Honoré

☼ 6h07 ↑ 21h26 ↓
☾ 4h50 ↑ 17h51 ↓

Dans le carré des aromatiques, vous pouvez maintenant semer de la coriandre. En mi-ombre, vous pouvez aussi semer du cerfeuil et du persil. Maintenez le sol frais. Installez les aromatiques en les associant aux légumes : elles repousseront certains parasites.

17 mercredi

Saint-Pascal

☼ 6h06 ↑ 21h28 ↓
☾ 5h06 ↑ 19h09 ↓

Nœud lunaire. Ne travaillez pas au jardin.

18 jeudi

Ascension

☼ 6h05 ↑ 21h29 ↓
☾ 5h23 ↑ 20h28 ↓

Soyez original : semez des coloquintes. Ces cucurbitacées peuvent couvrir le sol ou grimper sur des tuteurs. Vous pourrez aussi les utiliser comme déco à l'intérieur de la maison. La coloquinte pousse dans un sol riche en humus et profond, avec une exposition ensoleillée et de la chaleur. Idéalement, il faut mettre du compost dans la terre avant la plantation. Dès que les fruits apparaissent, pincez au-dessus d'eux afin de n'en garder que 6 à 7 par pied.

19 vendredi

Saint-Yves

☼ 6h04 ↑ 21h30 ↓ ● à 17h55
☾ 5h44 ↑ 21h46 ↓

Fin de la lune rousse.

La Nouvelle lune est la phase au cours de laquelle, pendant sa révolution synodique, la Lune se trouve entre Terre et Soleil. Elle ne se trouve donc pas dans le ciel nocturne et, en journée, elle est difficilement observable à l'œil nu.

mai

20 samedi

Saint-Bernardin

☼ 6h02 ↑ 21h32 ↓
☾ 6h10 ↑ 23h01 ↓

Semez les salsifis et les scorsonères en place tous les 20 cm. Couvrez légèrement les graines, tassez et arrosez. Vous éclaircirez lorsque les plants présenteront 2 ou 3 feuilles.

21 dimanche

Saint-Constantin

☼ 6h01 ↑ 21h33 ↓
☾ 6h45 ↑

Semez des radis 'Rose de Chine', 'Violet de Gournay' et 'Noir gros long d'hiver'. Alternez les rangs tous les 30 cm avec des carottes : vos radis seront ainsi plus doux. Vous éclaircirez les jeunes plants tous les 15 cm. Pour que vos radis ne piquent pas trop, arrosez-les généreusement et ramassez-les assez jeunes. Ne plantez jamais des radis à proximité immédiate des choux car ces deux légumes ont besoin des mêmes nutriments et se livreront donc une concurrence féroce qui sera néfaste à l'un comme à l'autre.

22 lundi

Saint-Émile

☼ 6h00 ↑ 21h34 ↓
☾ 7h30 ↑ 0h07 ↓

Bouturez les potentilles, les seringas et les deutzias. Piquez les boutures dans des pots remplis d'un mélange léger et conservez-les sous châssis. Le deutzia est un arbuste qui ne demande quasi aucun entretien une fois installé. Mais sa généreuse floraison assure le spectacle entre mai et juillet.

23 mardi

Saint-Didier

☼ 5h59 ↑ 21h35 ↓
☾ 8h24 ↑ 1h03 ↓

Dans le jardin d'agrément, arrachez les tulipes en laissant le feuillage jaunir. Vous pourrez ensuite les stocker ou les replanter ailleurs.

24 mercredi

Saint-Donatien

☼ 5h58 ↑ 21h37 ↓
☾ 9h28 ↑ 1h46 ↓

Si ce n'est pas encore fait, plantez les aromatiques (la sauge, le thym, la sarriette, le basilic, la ciboulette, la menthe...) sur le balcon, en pot ou en jardinière. Vous pouvez aussi les installer dans le jardin potager en les associant aux radis, aux navets, aux choux, aux tomates ou aux carottes pour profiter de leur action répulsive sur les parasites.

25 jeudi

Sainte-Sophie

☼ 5h57 ⬆ 21h38 ⬇
☾ 10h36 ⬆ 2h18 ⬇

Poissons, Scorpion et Cancer : il s'agit des trois constellations d'eau devant lesquelles la Lune réfléchit des impulsions favorisant ou stimulant les plantes, notamment sur les parties riches en eau, comme les tiges et les feuilles. C'est donc le bon moment pour semer ou pour tondre le gazon, pour semer et repiquer les légumes-feuilles, les plantes aromatiques herbacées, mais aussi pour tailler les haies de conifères et de feuillus.

26 vendredi

Saint-Béranger

☼ 5h56 ⬆ 21h39 ⬇
☾ 11h46 ⬆ 2h43 ⬇

Apogée. Ne travaillez pas au jardin.

27 samedi

Saint-Augustin

☼ 5h55 ⬆ 21h40 ⬇ ◐ à 17h23
☾ 12h55 ⬆ 3h02 ⬇

Taillez courgettes, concombres et melons pour hâter leur fructification. Paillez-les et arrosez-les avec du purin d'ortie dilué. La taille de la courgette est facile : quand elle a 6 feuilles, taillez juste au-dessus des deux premières feuilles. Elle va alors se ramifier en émettant deux autres tiges qui vont se développer et commencer à donner des fruits. Taillez alors au-dessus du dernier couple de feuilles qui suit le dernier fruit de chaque tige.

28 dimanche

Saint-Germain – Pentecôte

☼ 5h54 ⬆ 21h41 ⬇
☾ 14h04 ⬆ 3h18 ⬇

♌

Éclaircissez pommes et poires. Cela permet d'éliminer les fruits en surnombre, faire grossir les fruits maintenus en place, les rendre naturellement plus sucrés et goûteux. Ce traitement soulage aussi les branches supportant le poids excessif des fruits et diminue les risques de maladie. Pour éclaircir, il faut légèrement secouer l'arbre afin de faire tomber les fruits mal accrochés et/ou malades.

29 lundi

Saint-Aymar – lundi de Pentecôte

☼ 5h54 ⬆ 21h42 ⬇
☾ 15h13 ⬆ 3h32 ⬇

♍

Si vous habitez une région qui bénéficie d'un climat doux, vous pouvez maintenant récolter les premières pommes de terre hâtives. Cette première récolte se conserve assez mal. Il vaut mieux arracher au fur et à mesure des besoins.

30 mardi

Saint-Ferdinand

☼ 5h53 ⬆ 21h43 ⬇
☾ 16h22 ⬆ 3h46 ⬇

♍

Éclaircissez les carottes jusqu'à 10 cm. Ne laissez surtout pas les plants arrachés sur place car ils risquent d'attirer la mouche de la carotte. Pour la même raison, il est fortement recommandé de boucher les trous après arrachage en binant. Vous pouvez saupoudrer les rangs de carottes avec des algues brunes en poudre, de la suie ou de la tanaisie séchée et émiettée.

31 mercredi

Sainte-Perrine

☼ 5h52 ↑ 21h44 ↓
☾ 17h25 ↑ 3h59 ↓

♍

Dans le Midi, plantez les patates douces précédemment mises à germer dans des pots. Probablement originaire d'Amérique tropicale, la patate douce (moins courante dans nos potagers que la pomme de terre) est une plante herbacée vivace dont la culture est fort répandue dans les régions tropicales et subtropicales. Au niveau mondial, la patate douce est la 7e plus importante production alimentaire. Au potager, elle se plante en pleine terre dans un sol léger, profond et frais, entre le début du mois d'avril et la fin du mois de mai, uniquement dans les régions offrant des températures supérieures à 20 °C : le tubercule a en effet besoin de soleil et de chaleur pour se développer. Les variétés à consommer (il existe aussi des variétés d'ornement) sont plantées tous les 30 cm, sur des rangs distants de 90 cm. Un buttage des pieds est effectué dès que les tiges sont assez longues. Si elle est facile à vivre, la patate douce craint la sécheresse estivale et exige des arrosages réguliers.

juin

1	jeudi	♎
2	vendredi	♎
3	samedi	♎
4	dimanche	♏
5	lundi	♐
6	mardi	♐
7	mercredi	♑
8	jeudi	♑
9	vendredi	♒
10	samedi	♒
11	dimanche	♓
12	lundi	♓
13	mardi	♓
14	mercredi	♈
15	jeudi	♉
16	vendredi	♉
17	samedi	♉
18	dimanche	♊
19	lundi	♊
20	mardi	♊
21	mercredi	♋
22	jeudi	♌
23	vendredi	♌
24	samedi	♌
25	dimanche	♍
26	lundi	♍
27	mardi	♍
28	mercredi	♍
29	jeudi	♎
30	vendredi	♎

1er jeudi

Saint-Justin

☼ 5h51 ⬆ 21h45 ⬇
☾ 18h52 ⬆ 4h15 ⬇

Nœud lunaire. Ne travaillez pas au jardin.

2 vendredi

Sainte-Blandine

☼ 5h51 ⬆ 21h46 ⬇
☾ 20h13 ⬆ 4h33 ⬇

Si vous n'avez pas eu le temps de le faire auparavant, faites maintenant des boutures des arbustes défleuris (les seringas, les forsythias, les deutzias...). Pour bouturer dans les règles de l'art, coupez d'abord un morceau de rameau sain ou de tige en biseau. Avec des ciseaux bien aiguisés, retirez la majorité des feuilles et coupez-les de moitié en suivant les nervures si elles sont grandes. Trempez ensuite la base de la tige sur 2 cm dans un sachet d'hormones de bouturage et éliminez l'excèdent de produit en secouant la tige. En pleine terre, creusez un trou plus large que la tige et mettez-la en place assez profondément.

3 samedi

Saint-Kévin

☼ 5h50 ⬆ 21h47 ⬇
☾ 21h36 ⬆ 4h58 ⬇

Taillez les gourmands des rosiers, traitez contre les pucerons en pulvérisant du savon noir. C'est très facile à faire : diluez 5 cuillères à soupe de savon noir dans un litre d'eau tiède. Laisser refroidir, puis pulvérisez la préparation sur les feuilles et les tiges de vos rosiers. C'est radical !

4 dimanche

Sainte-Clotilde – Fête des Mères (France)

☼ 5h50 ⬆ 21h48 ⬇ à 5h43
☾ 22h56 ⬆ 5h33 ⬇

Poursuivez les tontes de la pelouse en tondant dans des directions différentes à chaque tonte : une fois dans la longueur de la pelouse, puis dans sa largeur, pour éviter la compaction du sol et aider l'herbe à pousser droit.

5 lundi

Saint-Igor

☼ 5h49 ⬆ 21h49 ⬇
☾ 6h20 ⬇

Si vous ne l'avez pas fait en mai, éclaircissez pommiers et poiriers. Ne laissez qu'un seul fruit par bouquet, le plus beau : en général, celui du centre pour les pommes et un périphérique pour les poires. Cela permet d'éliminer les fruits en surnombre, de faire grossir ceux qui restent, de les rendre naturellement plus sucrés, de soulager les branches et de réduire les risques de maladies.

6 mardi

Saint-Norbert

☼ 5h49 ⬆ 21h50 ⬇
☾ 0h05 ⬆ 7h25 ⬇

En pleine terre, semez des courgettes pour une récolte à la fin de l'été. Par temps chaud, arrosez modérément pour éviter le développement de l'oïdium. Les plantes touchées par ce champignon sont reconnaissables à leurs feuilles (voire leurs tiges et fleurs) couvertes d'une poudre blanche. Les feuilles des plantes colonisées se recroquevillent, se dessèchent et tombent.

7 mercredi

Saint-Gilbert

☼ 5h48 ⬆ 21h51 ⬇
☾ 0h57 ⬆ 8h44 ⬇

Périgée. Ne travaillez pas au jardin.

8 jeudi

Saint-Médard

☼ 5h48 ⬆ 21h51 ⬇
☾ 1h36 ⬆ 10h11 ⬇

Dans le jardin d'agrément, plantez glaïeuls, dahlias et cannas. Divisez les souches des asters, anémones et gentianes.

juin

9 vendredi

Sainte-Diane

☼ 5h47 ⬆ 21h52 ⬇
☾ 2h03 ⬆ 11h38 ⬇

Récoltez les fleurs de vos tilleuls avant qu'elles ne soient complètement ouvertes. Faites-les sécher à l'ombre, sans les entasser. Le tilleul est une plante thérapeutique aux nombreuses propriétés depuis longtemps prouvées. Le tilleul est apprécié pour ses vertus antispasmodiques, calmantes et sédatives depuis la plus lointaine Antiquité. Il est connu pour ses effets bénéfiques sur le sommeil, le stress et l'angoisse. Il est utilisé pour réduire les sécrétions nasales et faire chuter la fièvre dans les états grippaux. Il est aussi conseillé pour calmer les démangeaisons et faire baisser la tension artérielle. Autre attrait essentiel : on ne lui connaît aucune contre-indication en phytothérapie, aucune interaction avec d'autres plantes médicinales et, en cas de mauvaise utilisation (surdosage…), les effets indésirables sont rarissimes.

10 samedi

Saint-Landry

☼ 5h47 ↑ 21h53 ↓ ◐ à 21h32
☾ 2h24 ↑ 13h01 ↓

Au jardin d'agrément, semez les mufliers en mélangeant les graines avec du sable car elles sont minuscules. Semez aussi l'agastache qui est florifère et aromatique, l'ancolie et le lin vivace en pépinière, en lignes afin de faciliter le travail de désherbage.

11 dimanche

Saint-Barnabé – Fête des Pères (Belgique)

☼ 5h47 ↑ 21h54 ↓
☾ 2h41 ↑ 14h21 ↓

Vous pouvez planter les premières salades entre les rangs d'échalotes ou d'oignons. Elles absorberont l'azote dont ces derniers n'ont pas besoin. Les salades doivent lever en 3 ou 4 jours. Si ce n'est pas le cas, inutile d'insister : elles ne donneraient que des plants fragiles.

12 lundi

Saint-Guy

☼ 5h47 ↑ 21h54 ↓
☾ 2h57 ↑ 15h39 ↓

Semez en place des scaroles et des chicorées frisées dans des sillons préalablement arrosés, en recouvrant à peine les graines de terreau et en tassant légèrement. La levée doit intervenir en 2 ou 3 jours au maximum. Semez aussi en place des chicorées sauvages 'Pain de Sucre' et les rouges 'de Vérone', 'Pallarossa' et 'de Trévise'. Vous couperez un peu au-dessus du collet au mois de septembre pour qu'elles forment des pommes rouges.

13 mardi

Saint-Antoine de Padoue

☼ 5h46 ↑ 21h55 ↓
☾ 3h13 ↑ 16h56 ↓

Ce jour Feuilles est un bon moment pour couper l'ortie et la consoude par temps sec, mais avant leur floraison. Faites-les sécher. Elles serviront à l'élaboration de différents traitements biologiques très utiles au jardin. Notamment sous forme de purin. À noter que ce sont aussi d'excellentes plantes médicinales. Ainsi, la consoude officinale – la bien nommée – était déjà utilisée dans l'Antiquité pour favoriser la cicatrisation des plaies et la consolidation des fractures, soigner les entorses et les ecchymoses ou soulager les douleurs articulaires et musculaires. Anti-inflammatoire, émolliente, cicatrisante, adoucissante et astringente, elle est surtout employée en usage externe, la présence d'une substance hépatotoxique limitant son utilisation par voie interne.

14 mercredi

Saint-Élisée

☼ 5h46 ↑ 21h55 ↓
☾ 3h29 ↑ 18h14 ↓

Nœud lunaire. Ne travaillez pas au jardin.

15 jeudi

Sainte-Germaine

☼ 5h46 ↑ 21h56 ↓
☾ 3h49 ↑ 19h31 ↓

Semez des betteraves ('d'Égypte', 'Chioggia'...) dans un sillon large, mais peu profond. Couvrez, tassez et arrosez en pluie fine.

16 vendredi

Saint-Jean-François Régis

☼ 5h46 ↑ 21h56 ↓
☾ 4h12 ↑ 20h46 ↓

Commencez les semis des radis d'hiver très rustiques. Évitez la proximité du chou. Semez en ligne à 2 cm de profondeur, tous les 5 cm. Vous éclaircirez à 15 cm. La rusticité d'une plante correspond à la température en dessous de laquelle la plante est sérieusement abîmée par le froid.

17 samedi

Saint-Hervé

☼ 5h46 ↑ 21h57 ↓
☾ 4h43 ↑ 21h55 ↓

Faites preuve d'originalité et de gourmandise : à côté des variétés traditionnelles des radis comme 'Noir gros long d'hiver', 'Violet de Gournay', 'Rose d'hiver de Chine', vous trouverez aussi des variétés d'origines japonaises appelées 'Daïkon'. Ces radis développent une saveur plus douce que celles des radis habituels, parfois même sucrée. Les radis d'hiver apprécient une terre profonde, humifère mais sans fumure récente, restant fraîche, tout en appréciant le soleil.

18 dimanche

Saint-Léonce – Fête des Pères (France)

☼ 5h46 ↑ 21h57 ↓ ● à 6h39
☾ 5h24 ↑ 22h55 ↓

Dans le jardin d'agrément, taillez les rosiers non remontants. Supprimez les roses fanées des rosiers encore en fleurs. Cela permettra de prolonger la floraison.

19 lundi

Saint-Romuald

☼ 5h46 ↑ 21h57 ↓
☾ 6h15 ↑ 23h42 ↓

♊

Marcottez la glycine et la bignone. Le marcottage est une technique qui permet de multiplier les plantes en provoquant l'apparition de racines sur des tiges normales encore attachées au végétal que vous désirez reproduire.

20 mardi

Saint-Sylvère

☼ 5h46 ↑ 21h58 ↓
☾ 7h16 ↑

♊

juin

Sans la lumière et la chaleur du soleil, les plantes, les animaux et les humains n'existeraient pas ! Le travail au jardin commence par les rythmes quotidiens et annuels du Soleil : les saisons et la durée du jour qui augmente ou diminue influencent la dynamique de croissance des végétaux. Le rythme solaire est comparé à une respiration : la terre expire le matin et au printemps ; elle inspire le soir et à l'automne.

21 mercredi

Saint-Rodolphe – premier jour de l'été

☼ 5h47 ↑ 21h58 ↓
☾ 8h22 ↑ 0h18 ↓

♋

Taillez le lierre. Cette plante ne porte pas préjudice au mur qu'elle recouvre si celui-ci est suffisamment étanche pour interdire la pénétration des crampons végétaux. Au contraire, le feuillage dense et persistant du lierre peut jouer un rôle d'isolant naturel, protégeant le mur des vents froids et de la pluie.

22 jeudi

Saint-Alban

☼ 5h47 ↑ 21h58 ↓
☾ 9h32 ↑ 0h45 ↓

Apogée. Ne travaillez pas au jardin.

23 vendredi

Sainte-Audrey – Fête nationale (Grand-Duché de Luxembourg)

☼ 5h47 ↑ 21h58 ↓
☾ 10h41 ↑ 1h06 ↓

Pincez les melons, les potirons et les courges. Marcottez-les dans une poche de terreau au niveau des nœuds pour provoquer un enracinement secondaire et une plus grande vigueur. Mettez un poids sur ces marcottes et renouvelez le paillage. En France, on cultive couramment 4 variétés de melon : le Cantaloup Charentais (le classique), le Charentais Brodé, le Vert Olive (avec une peau verte et de forme ovale) et le melon Galia (avec une peau jaune et une chair verte). D'autres variétés plus anciennes sont encore cultivées, mais de manière plus confidentielle, ce qui est dommage : 'Serpent', 'Rouge de Perse', 'Petit gris de Rennes', 'Sucrin de Tours' et 'de Trets'.

24 samedi

Saint-Jean-Baptiste

☼ 5h47 ↑ 21h58 ↓
☾ 11h50 ↑ 1h23 ↓

Taillez les gourmands des tomates qui retardent les fructifications en cours. Ne les jetez surtout pas ! Les gourmands les plus vigoureux peuvent être repiqués pour donner des fruits. Placez les autres gourmands sur les têtes de vos choux : ce sont d'excellents répulsifs naturels contre les chenilles.

25 dimanche

Saint-Prosper

☼ 5h48 ↑ 21h58 ↓
☾ 12h57 ↑ 1h38 ↓

Ail, oignons et échalotes sont incontournables en cuisine ! Commencez leur récolte en les laissant ressuyer sur le sol pendant plusieurs jours. Si le sol est frais, vous pouvez les déchausser en enlevant la terre autour des bulbes pour hâter leur flétrissement. Stockez-les dans des cagettes sans les entasser dans un endroit balayé par un courant d'air. Une bonne aération est la clé de leur conservation.

26 lundi

Saint-Anthelme

☼ 5h48 ↑ 21h59 ↓ ◐ à 9h51
☾ 14h05 ↑ 1h51 ↓

Au fur et à mesure des besoins, récoltez les pommes de terre précoces. N'oubliez pas qu'elles ne se conservent pas !

27 mardi

Saint-Fernand

☼ 5h49 ↑ 21h58 ↓
☾ 15h15 ↑ 2h04 ↓

Éclaircissez les carottes jusqu'à 10 cm. Ne laissez pas les plants arrachés sur place car ils risquent d'attirer la mouche de la carotte. C'est le ravageur le plus fréquent et le plus redoutable pour la culture des carottes, mais il touche aussi le panais, le céleri ou le persil. La rotation des cultures est l'une des meilleures mesures préventives. Un début d'infection peut être stoppé avec un purin d'ail ou d'oignon non dilué sur les carottes, jusqu'à 2 fois par semaine.

28 mercredi

Saint-Irénée

☼ 5h49 ⬆ 21h58 ⬇
☾ 16h28 ⬆ 2h18 ⬇

Nœud lunaire. Ne travaillez pas au jardin.

29 jeudi

Saint-Pierre et Saint-Paul

☼ 5h50 ⬆ 21h58 ⬇
☾ 17h46 ⬆ 2h35 ⬇

Taillez les rosiers non remontants défleuris dont vous ne vous êtes pas encore occupé précédemment. Éliminez les vieux rameaux et ceux en surnombre au centre de la touffe. Supprimez les roses fanées des rosiers qui sont encore en fleurs.

juin

30 vendredi

Saint-Martial

☼ 5h50 ⬆ 21h58 ⬇
☾ 19h08 ⬆ 2h57 ⬇

Taillez les tiges de la glycine sur les deux tiers de leur longueur. Afin d'assurer une bonne floraison et de conserver des formes et une esthétique générale, la glycine doit être taillée chaque année. Cette plante marque une nette préférence pour une terre profonde et fraîche, ainsi qu'une situation à l'abri du vent, mais bénéficiant d'un ensoleillement optimal. Grimpante et ligneuse, elle décore avec une touche de romantisme pergolas, murs ou grillages. Plus original, mais tout aussi superbe : vous pouvez aussi la conduire sur tige pour en faire un sujet isolé au milieu d'une pelouse. Attention tout de même à la qualité du support : ses tiges ont la force de tordre les grilles les plus solides.

juillet

1	samedi	▼	♏
2	dimanche	▼	♐
3	lundi	▲	♐
4	mardi	▲	♐
5	mercredi	▲	♑
6	jeudi	▲	♒
7	vendredi	▲	♒
8	samedi	▲	♓
9	dimanche	▲	♓
10	lundi	▲	♓
11	mardi	▲	♈
12	mercredi	▲	♈
13	jeudi	▲	♉
14	vendredi	▲	♉
15	samedi	▲	♉
16	dimanche	▼	♊
17	lundi	▼	♊
18	mardi	▼	♋
19	mercredi	▼	♌
20	jeudi	▼	♌
21	vendredi	▼	♌
22	samedi	▼	♍
23	dimanche	▼	♍
24	lundi	▼	♍
25	mardi	▼	♍
26	mercredi	▼	♎
27	jeudi	▼	♎
28	vendredi	▼	♏
29	samedi	▼	♏
30	dimanche	▼	♐
31	lundi	▲	♐

1er samedi

Saint-Thierry

☼ 5h51 ⬆ 21h58 ⬇
☾ 20h30 ⬆ 3h26 ⬇

Nettoyez tous les endroits qui sont envahis par les ronces et/ou par les chardons, en coupant au plus près du sol. Pour vous débarrasser des chardons de manière écoresponsable, évitez toute montée en graine par des arrachages ou des fauchages successifs. Cela affaiblit peu à peu la plante. Un fauchage sous la pluie qui permet à l'eau de pénétrer dans le trou de la tige est généralement fatal aux chardons. De son côté, la ronce commune est une intéressante plante mellifère, hôte de plusieurs papillons, et donne de petits fruits comestibles... qui sont aussi appréciés par les oiseaux. Elle est donc à maîtriser, mais pas nécessairement à éradiquer.

2 dimanche

Saint-Martinien

☼ 5h52 ⬆ 21h58 ⬇
☾ 21h45 ⬆ 4h06 ⬇

Plantez un plant de courgette pour l'arrière-saison. Pincez une nouvelle fois les potirons, les courges et les melons.

3 lundi

Saint-Thomas

☼ 5h52 ⬆ 21h57 ⬇ ● à 13h40
☾ 22h46 ⬆ 5h04 ⬇

La lune montante vous permet de semer une nouvelle ligne de haricots 'Argus', 'Fruidor' ou 'Soisson Gros Blanc'. En climat frais, limitez-vous par prudence aux variétés naines et veillez à les semer sur une planche bien exposée.

4 mardi

Saint-Florent

☼ 5h53 ↑ 21h57 ↓
☾ 23h32 ↑ 6h19 ↓

Greffez en écusson les arbres fruitiers, en choisissant le bon porte-greffe selon la nature du sol. Prélevez les greffons et mettez-les en place dans une incision en T réalisée sur un porte-greffe. Faites preuve de patience : la croissance du bourgeon n'interviendra qu'au printemps prochain.

5 mercredi

Saint-Antoine

☼ 5h54 ↑ 21h57 ↓
☾ ↑ 7h47 ↓

Périgée. Ne travaillez pas au jardin.

6 jeudi

Sainte-Mariette

☼ 5h54 ↑ 21h56 ↓
☾ 0h04 ↑ 9h17 ↓

Dans les régions connaissant un climat frais, vous pouvez planter des fraisiers. Dans les régions qui bénéficient d'un climat plus doux, il est préférable d'attendre les premières pluies. Une fois vos fraisiers installés, protégez-les de la voracité des oiseaux en les couvrant d'un filet. Pour des fraisiers en bonne santé et de bon rendement, prévoyez une production de 150 à 600 g de fruits par plant. Lors de leur plantation, n'oubliez pas de supprimer les mauvaises herbes, biner le sol, apporter du compost, installer le collet au niveau du sol. Les plants doivent être espacés de 30 cm et les lignes de 40 cm.

7 vendredi

Saint-Raoul

☼ 5h55 ↑ 21h56 ↓
☾ 0h28 ↑ 10h44 ↓

Pensez à fleurir votre jardin ! Semez les fleurs bisannuelles telles que les œillets ou les giroflées. Semez aussi le lupin vivace. Maintenez le sol frais sans excès. Complémentairement, vous pouvez semer les pâquerettes en pépinière, ainsi que les pensées, les ancolies, les agastaches et les lins. Originaire d'Europe et de Turquie, la pâquerette (qui pousse parfois spontanément dans des zones préservées de toute pollution agricole) apporte une incontestable touche champêtre à un jardin ou à un balcon.

8 samedi

Saint-Thibault

☼ 5h56 ↑ 21h55 ↓
☾ 0h47 ↑ 12h08 ↓

Récoltez les aromatiques (sauge, sarriette, marjolaine, estragon, origan, romarin, thym...) avant leur floraison. Procédez par beau temps, en milieu de journée, après l'évaporation de la rosée matinale. Vous ferez ensuite sécher vos aromatiques dans un endroit sombre, chaud, sec et correctement aéré.

9 dimanche

Sainte-Amandine

☼ 5h57 ↑ 21h55 ↓
☾ 1h03 ↑ 13h28 ↓

Semez les premiers engrais verts (la moutarde, le trèfle rampant ou le sarrasin) dans les planches qui ont été préalablement débarrassées de leurs cultures.

10 lundi

Saint-Ulrich

☼ 5h58 ↑ 21h54 ↓ ◑ à 3h49
☾ 1h19 ↑ 14h46 ↓

Surtout si vous cultivez votre jardin en suivant les préceptes de la permaculture, favorisez la présence de la coccinelle. La coccinelle est la championne toutes catégories dès que l'on évoque l'élimination des pucerons. Les chiffres sont impressionnants : une larve peut tuer jusqu'à une centaine de pucerons par jour, tandis qu'un adulte en détruit plusieurs dizaines. Les coccinelles adultes se nourrissent aussi de cochenilles, d'aleurodes, d'acariens et plus rarement de moisissures. Il est donc intéressant de leur offrir dès l'automne un abri adapté, c'est-à-dire sec, abrité du vent et relativement chaud, où elles pourront passer l'hiver.

11 mardi

Saint-Benoît

☼ 5h59 ↑ 21h53 ↓
☾ 1h36 ↑ 16h04 ↓

Nœud lunaire. Ne travaillez pas au jardin.

12 mercredi

Saint-Olivier

☼ 6h00 ↑ 21h53 ↓
☾ 1h54 ↑ 17h21 ↓

Dans le Midi, s'il vous est possible d'arroser (attention aux éventuelles restrictions d'eau), vous pouvez semer du maïs doux. Vous pouvez semer des haricots qui lèveront très vite si vous les enterrez à peine. Vous pouvez encore tenter des greffes en écusson des pêchers, des pruniers et des abricotiers.

13 jeudi

Saint-Henri

☼ 6h01 ⬆ 21h52 ⬇
☾ 2h16 ⬆ 18h56 ⬇

Dans les régions à climat doux, faites un semis d'oignons blancs. Vous les repiquerez dans le courant du mois d'octobre, pour une consommation prévue au début du printemps prochain.

14 vendredi

Saint-Camille – Fête nationale (France)

☼ 6h02 ⬆ 21h51 ⬇
☾ 2h44 ⬆ 19h47 ⬇

Poursuivez les tontes régulières de votre pelouse. Une bonne tonte régulière est l'un des principaux facteurs permettant de conserver une pelouse en bon état. Effectuez toujours les tontes lorsque l'herbe est sèche. Tondez aussi dans des directions différentes à chaque tonte pour éviter de compacter le sol et permettre à l'herbe de pousser droit.

15 samedi

Saint-Donald

☼ 6h03 ⬆ 21h50 ⬇
☾ 3h22 ⬆ 20h49 ⬇

Soulagez le stress hydrique des arbres fruitiers en arrosant au pied. Chez les arbres fruitiers, le manque d'eau a plusieurs conséquences : réduction de la croissance, dépérissement des pousses, diminution de la taille et du poids des fruits, réduction de la survie et de la croissance des arbres, répercussions négatives sur la qualité des fruits, carences nutritionnelles, augmentation des dommages hivernaux...

16 dimanche

Saint-Hélier

☼ 6h04 ⬆ 21h49 ⬇
☾ 4h09 ⬆ 21h40 ⬇

Divisez et replantez les grosses touffes d'iris. L'iris ne demande généralement pas d'engrais, à condition d'être installé dans une bonne terre de jardin. Par contre, vous pouvez lui apporter du compost.

17 lundi

Sainte-Charlotte

☼ 6h05 ⬆ 21h48 ⬇ ● à 20h33
☾ 5h07 ⬆ 22h19 ⬇

Rajeunissez assez sévèrement les buddléias défleuris pour qu'ils continuent d'être très florifères. C'est important !

juillet

18 mardi

Saint-Frédéric

☼ 6h06 ⬆ 21h47 ⬇
☾ 6h12 ⬆ 22h48 ⬇

Éclaircissez les chicorées, les scaroles et les laitues. Si les chicorées sont suffisamment avancées, blanchissez-les en les couvrant d'une cloque opaque ou d'un pot pendant une dizaine de jours au maximum. Cette petite astuce permet d'atténuer leur amertume ; elles n'en seront que plus savoureuses une fois préparées en cuisine. Choisissez toujours les variétés de vos chicorées selon vos goûts et la forme que vous souhaitez, mais également en fonction des périodes de semis et de cueillette, pour pouvoir récolter toute l'année. Parmi les choix possibles : 'Frisée de Meaux', 'Grosse bouclée', 'Cornet de Bordeaux', 'Cornet d'Anjou'...

19 mercredi

Saint-Arsène

☼ 6h07 ⬆ 21h46 ⬇
☾ 7h21 ⬆ 23h11 ⬇

♌

Dans la fraiseraie, préparez et enrichissez le sol en prévision de la plantation de nouveaux fraisiers le mois prochain. Vous serez ainsi assuré d'obtenir une pleine production dès la première année. N'oubliez pas que les fraisiers ne restent que 3 ou 4 ans en place au même endroit.

20 jeudi

Sainte-Marine

☼ 6h08 ⬆ 21h45 ⬇
☾ 8h30 ⬆ 23h29 ⬇

♌

Apogée. Ne travaillez pas au jardin.

21 vendredi

Saint-Victor – Fête nationale (Belgique)

☼ 6h10 ⬆ 21h44 ⬇
☾ 9h39 ⬆ 23h44 ⬇

♌

Dans le verger, taillez en vert les arbres fruitiers palissés. Taillez les pommiers conduits en cordon ou en U, et les poiriers palissés vigoureux. La taille en vert s'effectue lorsque les arbres fruitiers portent leurs feuilles et souvent des fruits.

22 samedi

Sainte-Marie-Madeleine

☼ 6h11 ↑ 21h43 ↓
☾ 10h46 ↑ 23h57 ↓

Pendant que la Lune passe devant la constellation de la Vierge, il est important de privilégier les plantes-racines : pomme de terre, ail, oignon, échalote, carotte, panais, céleri, salsifis, navet, scorsonère, radis noir, persil tubéreux, betterave, céleri-rave, endive, crosne...

23 dimanche

Sainte-Brigitte

☼ 6h12 ↑ 21h42 ↓
☾ 11h53 ↑

Si les plants de pommes de terre commencent à fleurir, vous pouvez entamer leur arrachage. Faites-les ressuyer pendant quelques heures au soleil (entre 24 et 48 heures). Mais attention : pas plus, afin d'éviter tout risque de verdissement. Ensuite, laissez-les sécher dans des cagettes installées à l'ombre, patientez une quinzaine de jours avant de les stocker, en évitant toutefois de les stocker à même le sol.

24 lundi

Sainte-Christine

☼ 6h13 ↑ 21h41 ↓
☾ 13h01 ↑ 0h10 ↓

Poursuivez la récolte de l'ail, de l'échalote et de l'oignon. Déterrez les bulbes et laissez-les ressuyer sur le sol. Si celui-ci est trop humide, étalez plutôt vos récoltes sur des cagettes. Une petite astuce intéressante : pour que l'ail reste blanc, protégez les têtes avec les fanes d'autres pieds.

25 mardi

Saint-Jacques

☼ 6h15 ↑ 21h40 ↓
☾ 14h11 ↑ 0h23 ↓

♍

Nœud lunaire. Ne travaillez pas au jardin.

26 mercredi

Sainte-Anne

☼ 6h16 ↑ 21h38 ↓ ◐ à 0h08
☾ 15h26 ↑ 0h39 ↓

♎

Récoltez la lavande. Indispensable pour parfumer naturellement les armoires, penderies et autres dressings. Déjà utilisée par les Romains dans l'Antiquité pour son parfum et ses qualités thérapeutiques, la lavande est aujourd'hui l'une des plantes médicinales les plus prisées en phytothérapie, notamment pour des problèmes de nervosité, digestifs ou articulaires. En usage interne, elle traite certains troubles digestifs, cardiovasculaires et respiratoires, mais aussi les migraines et céphalées. En utilisation externe, elle assainit et cicatrise plaies et ulcères, apaise les douleurs articulaires, soulage certaines affections de la peau (acné, piqûres d'insectes...), est antiparasitaire et vermifuge...

27 jeudi

Sainte-Nathalie

☼ 6h17 ↑ 21h37 ↓
☾ 16h43 ↑ 0h57 ↓

♎

Commencez à installer les bulbes d'automne : cyclamen, colchique, crocus... Pour obtenir une plantation irrégulière mais paraissant naturelle, jetez les bulbes à la volée et plantez-les à l'endroit où ils sont tombés.

28 vendredi

Saint-Samson

☼ 6h18 ↑ 21h36 ↓
☾ 18h04 ↑ 1h22 ↓

♏

Préparez le sol de votre nouvelle pelouse qui est à semer le mois prochain. Préparez le terrain en ameublissant et en nettoyant le sol. Vous devez obtenir une terre fine et granuleuse en surface. Terminez par un léger griffage, un passage de rouleau, puis un arrosage généreux.

29 samedi

Sainte-Marthe

☼ 6h20 ↑ 21h34 ↓
☾ 19h22 ↑ 1h56 ↓

♏

Avant d'installer votre gazon, la terre doit être travaillée sur une profondeur d'une vingtaine de centimètres. Dans le cas d'un sol lourd (argile), essayez autant que possible d'ameublir votre sol par l'apport de terreau. Mélangez l'ensemble puis tassez. Tirez la terre de manière la plus lisse possible. Retravaillez les 5 premiers centimètres de votre sol puis ensemencez à raison de 3 à 4 kg/100 m².

30 dimanche

Sainte-Juliette

☼ 6h21 ↑ 21h33 ↓
☾ 20h29 ↑ 2h44 ↓

♐

Une fois le sol préparé, plantez les fraisiers. Ne les habillez pas : ne raccourcissez ni les racines, ni les feuillages. Il est préférable de praliner les racines. Le pralinage consiste à faire tremper les racines dans un mélange argileux un peu épais, juste avant leur plantation en pleine terre.

31 lundi

Saint-Ignace de Loyola

☼ 6h22 ⬆ 21h32 ⬇
☾ 21h22 ⬆ 3h51 ⬇

En lune montante et croissante et en jour Fruits, cette fin de mois est le bon moment pour greffer en écusson les poiriers, pommiers, cerisiers, abricotiers et pruniers. Prélevez les greffons sans abîmer les yeux. Conservez un morceau du pétiole. Glissez les greffons dans une incision en T et ligaturez à l'aide de raphia. Vous saurez que la greffe est réussie si le pétiole tombe au bout d'une quinzaine de jours environ.

juillet

août

1	mardi	♑
2	mercredi	♑
3	jeudi	♒
4	vendredi	♓
5	samedi	♓
6	dimanche	♓
7	lundi	♈
8	mardi	♈
9	mercredi	♉
10	jeudi	♉
11	vendredi	♉
12	samedi	♊
13	dimanche	♊
14	lundi	♋
15	mardi	♋
16	mercredi	♌
17	jeudi	♌
18	vendredi	♌
19	samedi	♍
20	dimanche	♍
21	lundi	♍
22	mardi	♍
23	mercredi	♎
24	jeudi	♎
25	vendredi	♏
26	samedi	♐
27	dimanche	♐
28	lundi	♑
29	mardi	♑
30	mercredi	♒
31	jeudi	♒

1er mardi

Saint-Alphonse

☼ 6h24 ↑ 21h30 ↓ ● à 20h33
☾ 22h00 ↑ 5h13 ↓

Dans les régions bénéficiant d'un climat doux, vous pouvez semer des oignons blancs qui seront à repiquer au mois d'octobre. L'oignon craint par-dessus tout l'humidité. Plantez-le sur butte afin de faciliter le drainage du sol. Ne semez pas et ne repiquez pas des oignons à proximité d'autres végétaux exigeant des arrosages. Compatible avec la permaculture, la culture sur butte est basée sur la création de monticules de terre pérennes destinés à recevoir les cultures. Ses avantages sont nombreux : elle permet un meilleur drainage de la zone de culture, offre plus de profondeur de terre pour les racines, évite le piétinement des zones cultivées, favorise la vie du sol et sa fertilité, etc.

2 mercredi

Saint-Julien

☼ 6h25 ↑ 21h29 ↓
☾ 22h28 ↑ 6h44 ↓

Périgée. Ne travaillez pas au jardin.

3 jeudi

Sainte-Lydie

☼ 6h26 ↑ 21h27 ↓
☾ 22h50 ↑ 8h16 ↓

Marcottez les plantes grimpantes (clématite, magnolia, vigne vierge, jasmin d'hiver, glycine, chèvrefeuille...). Vous pouvez aussi faire des boutures de géraniums : prélevez des tronçons feuillés de 10 cm de long, plantez en godet sous abri, arrosez régulièrement.

4 vendredi

Saint-Jean-Marie Vianney

☼ 6h28 ⬆ 21h26 ⬇
☾ 23h08 ⬆ 9h44 ⬇

Semez du chou de Chine, sauf si vous habitez dans le Midi : Il est alors préférable d'attendre le mois de septembre. Semez en poquets d'une douzaine de graines et en place car ce légume ne se repique pas. Il faudra éclaircir en 3 ou 4 fois pour, au final, ne laisser qu'un seul plant par poquet.

5 samedi

Saint-Abel

☼ 6h29 ⬆ 21h24 ⬇
☾ 23h24 ⬆ 11h09 ⬇

Semez du pourpier 'Doré à Larges Feuilles' en lignes distantes de 20 cm. La récolte est prévue en septembre. Cette « salade de santé » doit être consommée très vite après la récolte (24 à 48 heures) car les feuilles ne se gardent pas longtemps.

6 dimanche

Saint-Juste

☼ 6h30 ⬆ 21h23 ⬇
☾ 23h41 ⬆ 13h31 ⬇

Taillez les haies de thuyas. Si aucune taille n'est effectuée, le thuya peut atteindre jusqu'à 20 m de haut. N'hésitez surtout pas à tailler franchement car cette plante a tendance à repousser assez rapidement. Une bonne taille effectuée en ce mois d'août garantit une croissance maîtrisée du végétal car c'est à ce moment que la sève descend. Une taille de printemps qui s'effectue en sève montante accélère la croissance de l'arbre.

7 lundi

Saint-Gaëtan

☼ 6h32 ↑ 21h21 ↓
☾ 23h58 ↑ 13h51 ↓

♈

Nœud lunaire. Ne travaillez pas au jardin.

8 mardi

Saint-Dominique

☼ 6h33 ↑ 21h19 ↓ ◑ à 12h29
☾ 15h10 ↓

♈

Récoltez maintenant les haricots à écosser, à consommer frais ou à faire sécher. Liez en bottes, suspendez dans un local ventilé. Si vous habitez dans le Midi, vous pouvez semer des haricots nains. Ils profiteront des pluies de cette fin d'été et pourront donner au mois d'octobre.

9 mercredi

Saint-Amour

☼ 6h35 ↑ 21h18 ↓
☾ 00h19 ↑ 16h27 ↓

♉

Si vous habitez une région qui profite d'un climat doux, semez des oignons blancs 'de Vaugirard', 'Printanier parisien', 'Hâtif de Paris'. Vous pouvez encore semer des oignons rouges 'de Brunswick', 'de Florence', 'Pâle de Niort'. Vous les sèmerez en pépinière, en rangs espacés de 20 à 30 cm. Vous éclaircirez les jeunes plants tous les 5 cm. Vous pouvez également semer les oignons jaunes 'Espagnol' et 'Paille des vertus'.

10 jeudi

Saint-Laurent

☼ 6h36 ⬆ 21h16 ⬇
☾ 00h46 ⬆ 17h40 ⬇

Toujours dans les régions qui ont la chance de bénéficier d'un climat doux, vous pouvez aussi essayer un semis d'oignons blancs qui seront à repiquer dans le courant du mois d'octobre, pour une consommation prévue en mars et avril prochains. Semez serré afin d'obtenir des bulbilles de petit calibre. Elles risquent moins de monter à graine.

11 vendredi

Sainte-Claire

☼ 6h37 ⬆ 21h14 ⬇
☾ 1h20 ⬆ 18h44 ⬇

Restez encore au potager aujourd'hui ! Semez-y des navets et des carottes pour l'hiver. Vous pouvez également semer des radis de tous les mois. Vous les récolterez environ 5 semaines après le semis. Le radis de tous les mois se cultive en annuelle. Son cycle végétatif est assez court. Les racines, suivant les variétés, sont rondes ou allongées, rouges, roses ou bicolores (rouge/blanc). Récoltez les radis encore jeunes pour qu'ils soient bien tendres, croquants et pas trop piquants. N'hésitez pas à consommer le feuillage en potage, c'est un délice !

12 samedi

Sainte-Clarisse

☼ 6h39 ⬆ 21h13 ⬇
☾ 2h04 ⬆ 19h39 ⬇

Retour au jardin d'agrément ! Arrosez et renouvelez le paillage des massifs de plantes à fleurs.

13 dimanche

Saint-Hippolyte

☼ 6h40 ↑ 21h11 ↓
☾ 2h59 ↑ 20h20 ↓

Toujours au jardin d'agrément, vous pouvez nettoyer les vivaces en coupant les tiges des fleurs fanées. Une vivace est une plante dont la souche – qui prend plus d'importance d'année en année – reste en terre même en hiver. Parmi les vivaces, on retrouve des plantes aussi diverses que le bougainvillier, la capucine, le bambou, l'absinthe, l'arnica, l'edelweiss, l'hibiscus, le mimosa, la marguerite…

14 lundi

Saint-Évrard

☼ 6h42 ↑ 21h09 ↓
☾ 4h03 ↑ 20h52 ↓

Cette journée est particulièrement propice au désherbage. À côté des techniques classiques, le « contrôle de l'enherbement » (ou *weed control* en anglais) est une nouvelle approche du désherbage axée sur des méthodes de contrôle biologique et visant une stratégie globale de défense des cultures.

15 mardi

Sainte-Marie – Assomption

☼ 6h43 ↑ 21h07 ↓
☾ 5h11 ↑ 21h17 ↓

Taillez les haies à pousse rapide. C'est encore le bon moment pour tailler les haies de thuyas. Dans le jardin d'herbes aromatiques, divisez le thym et le romarin.

16 mercredi

Saint-Armel

☼ 6h44 ↑ 21h05 ↓ ● à 11h38
☾ 6h20 ↑ 21h36 ↓

Apogée. Ne travaillez pas au jardin.

17 jeudi

Saint-Hyacinthe

☼ 6h46 ↑ 21h04 ↓
☾ 7h30 ↑ 21h51 ↓

Il est encore temps de tailler en vert les pommiers et les poiriers palissés qui ont tendance à se montrer un peu trop vigoureux. La taille en vert consiste à supprimer des branches inutiles de façon à réserver la sève aux fruits et aux rameaux porteurs de fruits. « En vert » fait référence à une taille qui s'effectue lorsque la sève circule toujours et que les arbres sont encore verts et feuillus. Taillez aussi les framboisiers non remontants : coupez au ras du sol les cannes qui ont fructifié. Après la récolte, taillez également les abricotiers et les pêchers car les rameaux ayant fructifié ne donneront plus de fruits. Coupez-les après les deux rameaux de remplacement de la base qui fructifieront l'an prochain.

18 vendredi

Sainte-Hélène

☼ 6h47 ↑ 21h02 ↓
☾ 8h37 ↑ 22h05 ↓

Plantez les fraisiers. S'ils sont à racines nues, pralinez les racines ou hydratez les mottes avant de dépoter les plants. Installez-les dans des trous préalablement enrichis de compost, sans enterrer le collet. Tassez et arrosez généreusement.

19 samedi

Saint-Jean-Eudes

☼ 6h49 ⬆ 21h00 ⬇
☾ 9h42 ⬆ 22h17 ⬇

Si les plants ont fleuri, vous pouvez maintenant arracher les pommes de terre de conservation. Laissez-les ressuyer pendant quelques heures au soleil, mettez-les en cagettes dans un endroit bien ventilé et à l'abri de la lumière. D'autre part, en fonction de vos besoins, arrachez aussi les radis, les carottes, les navets, les céleris-raves ainsi que les betteraves. Consommez-les rapidement car c'est maintenant qu'ils sont gorgés de vitamines et de minéraux. Une consommation rapide vous fera profiter de tous ces bienfaits naturels, indispensables à votre bonne santé.

20 dimanche

Saint-Bernard

☼ 6h50 ⬆ 20h58 ⬇
☾ 10h52 ⬆ 22h30 ⬇

Pour rénover les parties abîmées de la pelouse, apportez de la tourbe ou du fumier. Semez, roulez et arrosez.

21 lundi

Saint-Christophe

☼ 6h50 ⬆ 20h56 ⬇
☾ 12h01 ⬆ 22h44 ⬇

Nœud lunaire. Ne travaillez pas au jardin.

22 mardi

Saint-Fabrice

☼ 6h53 ↑ 20h54 ↓
☾ 13h12 ↑ 23h01 ↓

Arrachez l'ail, l'oignon et l'échalote en les laissant ressuyer à même le sol et au soleil, à l'exception de l'ail qui doit plutôt sécher dans un endroit ombragé pour rester bien blanc. D'autre part, vous pouvez éclaircir les betteraves qui ont été semées à la fin du mois de juin, ainsi que les carottes et les navets qui, eux, ont été semés au mois de juillet.

23 mercredi

Sainte-Rose de Lima

☼ 6h54 ↑ 20h52 ↓
☾ 14h27 ↑ 23h22 ↓

Poursuivez la plantation des bulbes à floraison automnale : colchique, crocus, cyclamen... Bouturez les lilas et les pélargoniums (ces derniers ont des feuilles arrondies un peu échancrées, alors que les géraniums, avec lesquels on les confond, ont des feuilles bien découpées). Plantez en godets sous abri et arrosez régulièrement. Taillez les rosiers non remontants de variétés anciennes, en réduisant d'un bon tiers les rameaux défleuris.

24 jeudi

Saint-Barthélemy

☼ 6h56 ↑ 20h50 ↓ ◐ à 11h58
☾ 15h45 ↑ 23h51 ↓

Taillez la lavande en réduisant un peu le feuillage. Cette taille ne doit être réalisée que sur du bois comportant encore du feuillage. Si vous taillez sur du bois sec, cela ne repoussera pas.

25 vendredi

Saint-Louis

☼ 6h57 ⬆ 20h48 ⬇
☾ 17h02 ⬆

Taillez maintenant les fusains (arbustes au feuillage persistant ou caduc, très décoratifs, parfaits pour former des haies, garnir des rocailles ou agrémenter des massifs), les troènes et les autres arbustes persistants. Taillez aussi les topiaires de buis et d'if. Faites des boutures de ces persistants. C'est encore en cette période que le débroussaillage est le plus efficace pour éviter la propagation des épines noires et des ronces.

26 samedi

Sainte-Natacha

☼ 6h59 ⬆ 20h46 ⬇
☾ 18h13 ⬆ 0h30 ⬇

Effeuillez les pommiers et les poiriers pour que le soleil atteigne plus facilement les fruits.

27 dimanche

Sainte-Monique

☼ 7h00 ⬆ 20h44 ⬇
☾ 19h11 ⬆ 1h27 ⬇

En lune montante, cueillez les poires d'été qui ont viré au jaune. Pour hâter le mûrissement des poires vertes, placez-les dans un endroit sombre à l'abri des courants d'air. Surveillez très attentivement ce mûrissement car les poires blettissent très vite. Par ailleurs, enlevez aussi les feuilles qui cachent les tomates en cours de mûrissement. N'oubliez pas que les feuillages complets de pieds de tomates contrarient le grossissement des fruits.

28 lundi

Saint-Augustin

☼ 7h01 ↑ 20h42 ↓
☾ 19h55 ↑ 2h41 ↓

♑

Passez au verger ! N'oubliez pas de bêcher et d'arroser au pied des arbres fruitiers. Attention : le bêchage au pied des fruitiers doit rester superficiel. Il n'est pas destiné à endommager les racines de végétaux, mais plutôt à leur indiquer qu'elles doivent se diriger vers le sous-sol. Parallèlement, ce bêchage léger permet aussi de supprimer la concurrence de l'herbe ou des mauvaises herbes qui, ainsi, ne puisent pas dans les éléments nutritifs nécessaires aux arbres fruitiers.

29 mardi

Sainte-Sabine

☼ 7h03 ↑ 20h40 ↓
☾ 20h26 ↑ 4h08 ↓

♑

Si vous avez encore des pommes de terre tardives ('Bintje', 'Vitelote', 'Bleue d'Auvergne', 'Edgecote Purple'...) et des oignons de couleur en terre, c'est le moment de les récolter. Arrachez aussi selon les besoins les carottes, les navets, les betteraves, les céleris-raves et les radis d'automne. C'est maintenant qu'ils sont particulièrement riches en vitamines.

30 mercredi

Saint-Fiacre

☼ 7h04 ↑ 20h38 ↓
☾ 20h51 ↑ 5h40 ↓

♒

Périgée. Ne travaillez pas au jardin.

31 jeudi

Saint-Aristide

☼ 7h06 ⬆ 20h36 ⬇ ● à 3h37
☾ 21h10 ⬆ 7h11 ⬇

Greffez les églantiers en écusson. Dès les premiers jours du printemps, l'églantier – également appelé rosier sauvage rustique – se pare de très nombreuses et superbes fleurs blanches ou roses. En automne et en hiver, ses jolis fruits rouges font le régal des gourmands et des oiseaux. Et, puisque l'on parle des fruits... Le fruit de l'églantier est connu sous les noms de cynorrhodon, baie de rosier sauvage, églantine ou gratte-cul. Cette dernière appellation vient du fait que le cynorrhodon contient des poils piquants qui peuvent servir de poils à gratter. Mieux vaut faire attention au moment de la cueillette ! Vingt fois plus riche en vitamine C que l'orange s'il n'est pas cuit, le cynorrhodon contient aussi de la provitamine A, des vitamines B et PP, des sels minéraux et divers sucres, dont du saccharose. Il est parfait en liqueur, en confiture, gelée, marmelade ou même ketchup. Séché ou réduit en poudre, il fait aussi d'originales tisanes ou décoctions.

septembre

1	vendredi	♓
2	samedi	♓
3	dimanche	♈
4	lundi	♈
5	mardi	♉
6	mercredi	♉
7	jeudi	♉
8	vendredi	♊
9	samedi	♊
10	dimanche	♋
11	lundi	♋
12	mardi	♌
13	mercredi	♌
14	jeudi	♌
15	vendredi	♍
16	samedi	♍
17	dimanche	♍
18	lundi	♍
19	mardi	♎
20	mercredi	♎
21	jeudi	♏
22	vendredi	♐
23	samedi	♐
24	dimanche	♐
25	lundi	♑
26	mardi	♑
27	mercredi	♒
28	jeudi	♓
29	vendredi	♓
30	samedi	♓

1er vendredi

Saint-Gilles

☼ 7h07 ↑ 20h34 ↓
☾ 21h27 ↑ 8h39 ↓

Poursuivez et terminez la taille de vos thuyas. Au potager, semez des engrais verts (moutarde, phacélie, seigle...) dans les planches préalablement libérées de leurs cultures. Vous pouvez aussi semer de la mâche en lignes ou parmi d'autres cultures dont elle ne gênera pas la croissance. Les variétés à petites feuilles 'Coquille de Louviers', 'Ronde maraîchère' et 'Verte à Cœur plein' résistent bien au froid. Les variétés à grandes feuilles 'Verte de Cambrai', 'Mâche à grosse Graine', 'Agathe' sont adaptées au climat du Midi.

2 samedi

Sainte-Ingrid

☼ 7h08 ↑ 20h32 ↓
☾ 21h44 ↑ 10h05 ↓

Pensez à semer le gazon ! Semez le mélange de graines que vous avez préalablement choisi en fonction de l'utilisation de la pelouse et de vos préférences personnelles, à raison de 20 à 30 grammes par mètre carré. Ratissez pour enfouir légèrement les graines, puis tassez une nouvelle fois. Arrosez en une pluie très fine. Dans environ un mois, vous passerez le rouleau afin d'améliorer l'enracinement. N'oubliez pas d'arroser régulièrement.

3 dimanche

Saint-Grégoire

☼ 7h10 ↑ 20h30 ↓
☾ 22h01 ↑ 11h29 ↓

Nœud lunaire. Ne travaillez pas au jardin.

4 lundi

Sainte-Rosalie

☼ 7h11 ↑ 20h28 ↓
☾ 22h21 ↑ 12h51 ↓

Bouturez les géraniums et les fuchsias. Cueillez les fraises et les framboises. Récoltez les pommes et les poires d'automne qui se conservent peu. Mettez tous les débris végétaux sains dans le compost. Interdits dans le compost : les plantes susceptibles de porter des maladies, les mauvaises herbes en fleurs ou en fruits, les plantes grainées, les parties malades d'une plante, la terre, le sable...

5 mardi

Sainte-Raïssa

☼ 7h13 ↑ 20h26 ↓
☾ 22h46 ↑ 14h12 ↓

En lignes espacées de 20 cm environ, semez les poireaux « baguette » en dispersant les graines. Après la levée, éclaircissez en ne conservant qu'un plant tous les 5 cm. La récolte est prévue en mai. Choisissez de préférence une variété rustique telle que 'Bleu de Solaize'.

6 mercredi

Saint-Bertrand

☼ 7h14 ↑ 20h24 ↓
☾ 23h18 ↑ 15h29 ↓

Si vous habitez une région à climat doux, vous pouvez semer des navets en lignes espacées de 20 cm. Maintenez le sol humide jusqu'à la levée. Vous les récolterez dans le courant de l'automne. Choisissez des variétés qui résistent au froid : 'Blanc dur d'hiver', 'de Bency', 'Jaune boule d'or'.

7 jeudi

Sainte-Reine

☼ 7h15 ⬆ 20h22 ⬇ ◑ à 0h22
☾ 16h38 ⬇

Semez des radis de tous les mois ainsi que les derniers radis d'hiver. Espacez les rangs de 20 à 30 cm. Après la levée, vous ne conserverez qu'un seul plant tous les 10 à 15 cm.

8 vendredi

Saint-Adrien

☼ 7h17 ⬆ 20h20 ⬇
☾ 0h00 ⬆ 17h36 ⬇

Avec celles du Verseau et de la Balance, la constellation des Gémeaux fait partie des constellations d'air. Si le Verseau se situe en lune montante, la Balance et les Gémeaux se trouvent en lune descendante. Quand la Lune passe devant une constellation d'air, c'est le bon moment pour s'occuper des fleurs comestibles, des fleurs pour bouquets, des plantes fleuries des massifs, des haies et des légumes-fleurs.

septembre

9 samedi

Saint-Alain

☼ 7h18 ⬆ 20h18 ⬇
☾ 0h51 ⬆ 18h22 ⬇

En juin et juillet derniers, vous avez semé des bisannuelles : primevère, pensée, œillet des poètes, giroflée, myosotis... Le moment est venu de les replanter. Enrichissez préalablement le sol avec du compost et plantez en quinconce.

10 dimanche

Sainte-Inès

☼ 7h20 ↑ 20h15 ↓
☾ 1h53 ↑ 18h56 ↓

Taillez les haies d'arbustes persistants, les bordures de buis et les topiaires. Après un éventuel broyage, vous pouvez vous servir du résultat de vos tailles pour pailler les allées. Ce mulch se décompose très lentement et possède d'intéressantes propriétés herbicides.

11 lundi

Saint-Adelphe

☼ 7h21 ↑ 20h13 ↓
☾ 3h00 ↑ 19h23 ↓

Les haies constituées d'arbustes persistants présentent de nombreux avantages : elles restent feuillues et belles toute l'année, délimitent bien le terrain, protègent efficacement du vent ou des regards parfois indiscrets des voisins, évitent la corvée de ramassage des feuilles, offrent refuge et nourriture à de nombreux petits animaux (dont les oiseaux), protègent l'environnement naturel en évitant la propagation de certaines maladies ou de parasites.

12 mardi

Saint-Apollinaire

☼ 7h23 ↑ 20h11 ↓
☾ 4h10 ↑ 19h43 ↓

Apogée. Ne travaillez pas au jardin.

13 mercredi

Saint-Aimé

☼ 7h24 ⬆ 20h09 ⬇
☾ 5h20 ⬆ 19h59 ⬇

Installez les petits fruits (groseilliers, framboisiers, cassissiers...) qui sont vendus en conteneurs. Dépotez et laissez la motte dans l'eau pendant au moins une trentaine de minutes pour qu'elle s'humidifie correctement. Creusez un trou un peu plus large que la motte : cela facilitera la progression des racines. Tassez légèrement et arrosez. Un peu moins courant que le framboisier, le cassissier est un arbuste peu exigeant.

14 jeudi

Sainte-Croix

☼ 7h25 ⬆ 20h07 ⬇
☾ 6h28 ⬆ 20h13 ⬇

Rajeunissez les arbustes à petits fruits qui ont tendance à vieillir rapidement. Pour cela, aérez le centre des touffes.

septembre

15 vendredi

Saint-Roland

☼ 7h27 ⬆ 20h05 ⬇ ● à 3h40
☾ 7h36 ⬆ 20h25 ⬇

Repiquez les oignons semés début août. Prenez les plus beaux et laissez les autres grossir encore un peu. Rajeunissez le feuillage et les radicelles à 1 cm du bulbe avant de les repiquer. Installez-les sur une planche surélevée, bien exposée afin d'éviter la pourriture causée par l'humidité. Tassez le sol autour de ceux qui restent en pépinière. Tracez des lignes tous les 15 cm et placez un oignon tous les 10 cm à 3 cm de profondeur. N'arrosez pas.

16 samedi

Sainte-Édith

☼ 7h28 ↑ 20h03 ↓
☾ 8h43 ↑ 20h38 ↓

Récoltez betteraves, poireaux, carottes, navets et panais. Pour les conserver durant l'hiver, arrachez les racines et laissez ressuyer pendant une journée au potager. Coupez les fanes et conservez les racines en silo ou en cave, dans du sable sec. Si vous cultivez en bio, ne jetez pas les fanes : elles vous seront utiles en cuisine. Reines de la cuisine antigaspi, elles font de délicieux potages, soupes...

17 dimanche

Saint-Renaud

☼ 7h30 ↑ 20h01 ↓
☾ 9h52 ↑ 20h52 ↓

Nœud lunaire. Ne travaillez pas au jardin.

18 lundi

Sainte-Nadège

☼ 7h31 ↑ 19h58 ↓
☾ 11h03 ↑ 21h07 ↓

Les influences de la Lune et du Soleil sur tous les êtres vivants (végétaux, animaux et humains) sont connues. Mais d'autres planètes peuvent aussi exercer une influence au jardin. Ainsi, Vénus et Mercure, les plus proches de notre planète, agissent sur la reproduction des végétaux *via* le calcaire. Les planètes plus lointaines telles que Jupiter, Saturne ou Mars, agissent sur la qualité alimentaire des plantes par l'intermédiaire de la silice. Ce ne sont alors pas tant des substances qui entrent en action, mais des forces qui vont agir au sein de chaque plante.

19 mardi

Sainte-Émilie

☼ 7h33 ⬆ 19h56 ⬇
☾ 12h16 ⬆ 21h26 ⬇

Remplacez les fleurs d'été par celles d'automne. Pensez aux asters à petites fleurs qui peuvent être joliment associés à des hélénies qui arborent des fleurs plus grandes ou aux hélianthèmes de plus grande taille. L'effet sera superbe !

20 mercredi

Saint-Davy

☼ 7h34 ⬆ 19h54 ⬇
☾ 13h33 ⬆ 21h51 ⬇

Commencez la plantation des bulbes à floraison printanière (narcisse, perce-neige, crocus d'hiver...).

21 jeudi

Saint-Mathieu

☼ 7h35 ⬆ 19h52 ⬇
☾ 14h49 ⬆ 22h26 ⬇

Plantez conifères et arbustes persistants vendus en conteneurs. À la bêche, ouvrez un trou deux à trois fois plus grand que le pot, ajoutez du compost. Enlevez la terre entourant les racines, placez la motte au centre du trou pratiqué avant de le refermer. Arrachez ronces et prunelliers, éliminez les drageons et les gourmands des arbres fruitiers en grattant le sol avant de couper à ras. Par « gourmand », on entend une branche ou une tige qui part du tronc ou des branches/tiges, qui ne produit pas et détourne la sève des tiges et rameaux productifs.

22 vendredi

Saint-Maurice

☼ 7h37 ⬆ 19h50 ⬇ ◑ à 21h32
☾ 16h01 ⬆ 23h15 ⬇

C'est le moment de bouturer les framboisiers. Arrachez un pied en veillant à conserver les racines et un maximum de chevelu. Faites-en des tronçons d'une dizaine de centimètres de long, à planter en sol léger et au chaud. Arrosez régulièrement. Vous pourrez les replanter au printemps prochain.

23 samedi

Saint-Constant – premier jour de l'automne

☼ 7h38 ⬆ 19h48 ⬇
☾ 17h03 ⬆

Récoltez les potirons avant qu'ils ne soient atteints de tavelure. Laissez-les finir de mûrir au frais dans un endroit sombre. La tavelure est une maladie cryptogamique qui débute sur les feuilles entre le début du printemps et la fin de l'été. Des petites taches translucides apparaissent sur les feuilles, des pustules provoquant un soulèvement de l'écorce apparaissent sur les rameaux, des taches brun olivâtre apparaissent sur les fruits... Ramasser et brûler en automne fruits et feuilles malades, tailler les pousses litigieuses, effectuer des traitements de cuivre... sont des bons moyens de lutte.

24 dimanche

Sainte-Thècle

☼ 7h40 ⬆ 19h46 ⬇
☾ 17h50 ⬆ 0h19 ⬇

Récoltez pommes et poires d'automne qui se conservent peu. Mettez les débris végétaux sains au compost.

25 lundi

Saint-Hermann

☼ 7h41 ⬆ 19h44 ⬇
☾ 18h25 ⬆ 1h39 ⬇

♑

Vous pouvez encore semer des oignons blancs et de couleur, dans les régions à climat doux.

26 mardi

Saint-Damien

☼ 7h43 ⬆ 19h41 ⬇
☾ 18h52 ⬆ 3h07 ⬇

♑

Toujours au potager, semez des radis de tous les mois qui lèveront très vite dans la terre encore chaude. Arrosez s'il ne pleut pas. Semez en ligne ou à la volée. Enterrez les graines tous les 3 à 5 cm, sous 1 cm de terreau. Ne tardez pas à les éclaircir. La récolte, effectuée au fur et à mesure des besoins, est en principe prévue à peu près 4 semaines après le semis.

27 mercredi

Saint-Vincent de Paul

☼ 7h44 ⬆ 19h39 ⬇
☾ 19h12 ⬆ 4h36 ⬇

♒

Pratiquez l'écussonnage des églantiers afin de multiplier vos rosiers. Nettoyez la zone à greffer en supprimant toutes les feuilles et toutes les épines. Faites ensuite une incision en forme de T dans le porte-greffe. Prélevez un rameau de la variété à multiplier sur une pousse de l'année. Sur ce rameau, à l'aisselle des feuilles, vous remarquerez la présence d'un bourgeon. C'est autour de cet « œil » qu'il faut découper l'écusson. Décollez délicatement le bois de l'écusson. Insérez cet écusson dans l'incision en T du porte-greffe.

28 jeudi

Saint-Wenceslas

☼ 7h45 ⬆ 19h37 ⬇
☾ 19h30 ⬆ 6h05 ⬇

Périgée. Ne travaillez pas au jardin.

29 vendredi

Saint-Michel et Saint-Raphaël

☼ 7h47 ⬆ 19h35 ⬇ ● à 11h58
☾ 19h47 ⬆ 7h32 ⬇

À l'exception des régions qui connaissent un climat frais, vous pouvez semer un nouveau gazon ou regarnir votre pelouse si elle est dégradée (quand la pelouse est fort piétinée ou sert d'aire de jeux pour les enfants et les animaux de compagnie, par exemple). L'installation d'une pelouse au début de l'automne est préférable à un semis printanier : elle a alors le temps de s'installer sans être trop piétinée et ne demande qu'un minimum d'arrosages, ce qui est aussi une bonne chose pour contrer l'épuisement inexorable des ressources en eau. Il faut cependant que l'arrière-saison ne soit pas trop rigoureuse. Aplanissez la surface à ensemencer et roulez-la. Semez les graines de gazon à la volée en deux passages croisés. Couvrez de terreau, puis roulez une nouvelle fois. Arrosez en pluie fine, ce qui évitera de déplacer les graines. Sauf en cas de pluie, arrosez un peu plus souvent au cours des 3 à 4 premières semaines.

30 samedi

Saint-Jérôme

☼ 7h48 ⬆ 19h33 ⬇
☾ 20h03 ⬆ 8h57 ⬇

Nœud lunaire. Ne travaillez pas au jardin.

octobre

1 dimanche	♈
2 lundi	♈
3 mardi	♉
4 mercredi	♉
5 jeudi	♊
6 vendredi	♊
7 samedi	♊
8 dimanche	♋
9 lundi	♌
10 mardi	♌
11 mercredi	♌
12 jeudi	♍
13 vendredi	♍
14 samedi	♍
15 dimanche	♍
16 lundi	♎
17 mardi	♎
18 mercredi	♏
19 jeudi	♏
20 vendredi	♐
21 samedi	♐
22 dimanche	♑
23 lundi	♑
24 mardi	♒
25 mercredi	♒
26 jeudi	♓
27 vendredi	♓
28 samedi	♈
29 dimanche	♈
30 lundi	♉
31 mardi	♉

1er dimanche

Sainte-Thérèse

☼ 7h50 ↑ 19h31 ↓
☾ 20h22 ↑ 10h22 ↓

Récoltez les fruits qui sont maintenant arrivés à complète maturité. Parmi ceux-ci, les pommes, poires, prunes, fraises, framboises... Transformez le surplus en conserves, en coulis ou en confitures.

2 lundi

Saint-Léger

☼ 7h51 ↑ 19h29 ↓
☾ 20h45 ↑ 11h47 ↓

Mettez tous les débris végétaux sains sur le tas de compost. Celui-ci doit être installé à même le sol, dans un endroit semi-ombragé à ombragé, à l'abri des grands vents. Dans un petit jardin, un composteur en fût est parfait ; dans ceux de plus grande taille, un composteur en silo est recommandé. Démarrez le tas en mettant des matériaux grossiers (branches coupées ou broyées) sur environ 2 m² et 10 cm de hauteur. Cette couche de fond assure une bonne aération du tas par le bas. Une fois qu'il a atteint une hauteur de 1,2 à 1,5 m, retournez-le. Cela permet de l'aérer, mélanger les matières et accélérer le processus.

3 mardi

Saint-Gérard

☼ 7h53 ↑ 19h27 ↓
☾ 21h15 ↑ 13h08 ↓

Semez des poireaux « baguette » en veillant à bien disperser les graines. Éclaircissez à 5 cm. Les poireaux « baguette » ne se repiquent pas et se récolteront au mois de mai prochain.

4 mercredi

Saint-François d'Assise

☼ 7h54 ↑ 19h25 ↓
☾ 21h53 ↑ 14h23 ↓

Vous pouvez encore semer des radis de tous les mois 'Flamboyant 5', 'Mirabeau', 'Gaudry 2' et 'de Dix-huit jours'. Arrosez le sillon : cela permet de faciliter la germination. Semez directement en place à la volée ou sur des lignes espacées d'environ 25 cm. Les graines doivent être recouvertes, mais pas trop : pas plus de 1 à 2 cm de terre. N'oubliez pas d'arroser régulièrement.

5 jeudi

Sainte-Fleur

☼ 7h56 ↑ 19h22 ↓
☾ 22h42 ↑ 15h28 ↓

Faites un semis d'annuelles rustiques. Elles lèveront encore avant l'hiver et fleuriront de manière précoce au printemps prochain. C'est une excellente solution pour combler les espaces en attente de la floraison de vivaces ou pour faire évoluer le visage de vos massifs tous les ans, le semis d'annuelles est très efficace, les plus rustiques d'entre elles fleurissant dès le mois de mai. Pensez aux lavatères, bleuets, coquelicots, nigelles, eschscholtzias...

6 vendredi

Saint-Bruno

☼ 7h57 ↑ 19h20 ↓ ◑ à 15h49
☾ 23h41 ↑ 16h19 ↓

Plantez les bisannuelles qui ont été semées en juin et juillet derniers. Enrichissez le sol avec du compost et plantez en quinconce.

7 samedi

Saint-Serge

☼ 7h59 ⬆ 19h18 ⬇
☾ 16h58 ⬇

Plantez les bulbes de printemps (lis, jacinthe, tulipe...). Enterrez les bulbes à une profondeur équivalente à trois fois la taille des oignons. Privilégiez les bulbes de gros calibre et, pour une question d'esthétique, plantez-les en nombre impair. Les trois avantages essentiels des bulbes sont leur utilité (ils fleurissent assez tôt, avant les vivaces tardives), leur solidité (ils sont très rustiques et la majorité d'entre eux ne craint pas le gel) et leur pérennité (les fleurs réapparaissent pendant plusieurs années).

8 dimanche

Sainte-Pélagie

☼ 8h00 ⬆ 19h16 ⬇
☾ 0h47 ⬆ 17h27 ⬇

Plantez les conifères et les arbustes résistants achetés en conteneurs. Ils commenceront à s'enraciner avant les grands froids. Bouturez les arbustes à feuillage persistant. Placez les boutures sous châssis et protégez-les avec des paillassons en hiver.

9 lundi

Saint-Denis

☼ 8h02 ⬆ 19h14 ⬇
☾ 1h57 ⬆ 17h49 ⬇

Rentrez courges, potirons et cucurbitacées, sauf dans le Midi où il fait encore chaud, en laissant un pédoncule. Nettoyez-les et placez-les au chaud. Dans une atmosphère tempérée, ils se conserveront jusqu'en mars.

10 mardi

Saint-Ghislain

☼ 8h03 ⬆ 19h12 ⬇
☾ 3h07 ⬆ 18h06 ⬇

Apogée. Ne travaillez pas au jardin.

11 mercredi

Saint-Firmin

☼ 8h05 ⬆ 19h10 ⬇
☾ 4h16 ⬆ 18h21 ⬇

Faites encore des boutures de framboisiers. Arrachez un pied en veillant à conserver les racines et un maximum de chevelu. Faites-en des tronçons d'une dizaine de centimètres. Vous pourrez les replanter au cours du printemps prochain. Vous pouvez tailler tous vos arbustes à petits fruits, y compris les framboisiers remontants. Les non-remontants seront, pour leur part, coupés à ras.

12 jeudi

Saint-Wilfried

☼ 8h06 ⬆ 19h08 ⬇
☾ 5h24 ⬆ 18h34 ⬇

Arrachez les endives (les chicons ou witloofs en Belgique et dans le nord de la France) en veillant a ne pas abîmer les racines. Laissez-les sécher sur le sol pendant une quinzaine de jours environ, en les protégeant à la fois du soleil et du gel. Ensuite, vous enlèverez la terre à la main et taillerez les racines en coupant le feuillage un peu au-dessus du collet. Stockez-les à l'abri de la lumière.

13 vendredi

Saint-Géraud

☼ 8h08 ↑ 19h06 ↓
☾ 6h32 ↑ 18h46 ↓

Protégez les légumes qui redoutent le froid. Vous avez encore du temps pour les récolter et les stocker. Dès que les températures commencent à baisser, vous devez surveiller la météo, notamment la température réelle et la température ressentie (refroidie par le vent, par exemple). N'oubliez pas que les parties aériennes des plantes gèlent habituellement entre 0 et – 2 °C. Le sol, quant à lui, gèle à des températures inférieures à – 2 °C et sur une profondeur variant en fonction de la température.

14 samedi

Saint-Juste

☼ 8h09 ↑ 19h04 ↓ ● à 19h55
☾ 7h41 ↑ 19h00 ↓

Bouturez les racines charnues et plantez les fleurs à terre de bruyère.

15 dimanche

Sainte-Thérèse d'Avila

☼ 8h11 ↑ 19h02 ↓
☾ 8h52 ↑ 19h14 ↓

Nœud lunaire. Ne travaillez pas au jardin.

16 lundi

Sainte-Edwige

☼ 8h12 ↑ 19h00 ↓
☾ 10h05 ↑ 19h32 ↓

Dès les premières gelées, arrachez les cannas, les bégonias, les dahlias et les glaïeuls. Laissez-les sécher à l'abri et stockez-les dans un local non chauffé, mais à l'abri du gel. Vous parsèmerez des feuilles de noyer pour éloigner les éventuels rongeurs. Même si elles n'ont pas bonne réputation, les feuilles de noyer peuvent être utilisées comme herbicide ou comme répulsif contre les rongeurs et cervidés.

17 mardi

Saint-Baudouin

☼ 8h14 ↑ 18h58 ↓
☾ 11h22 ↑ 19h55 ↓

Divisez les vivaces rustiques telles que les géraniums (les vrais géraniums, pas les pélargoniums !). Ce sont des plantes vivaces qui restent en place de saison en saison, rustiques et très faciles à vivre.

18 mercredi

Saint-Luc

☼ 8h15 ↑ 18h56 ↓
☾ 12h39 ↑ 20h26 ↓

Dans les régions qui ont la chance de profiter d'un climat doux, plantez l'échalote grise. Elle préfère les terrains légers et sablonneux. Si votre sol est lourd, incorporez-y une généreuse quantité de sable. Cultivée pour sa saveur prononcée, l'échalote grise se plante obligatoirement en automne. Une fois récoltée, elle ne se conserve pas au-delà du mois de décembre.

19 jeudi

Saint-René

☼ 8h17 ↑ 18h54 ↓
☾ 13h54 ↑ 21h11 ↓

♏

Vous pouvez encore planter les conifères et les arbustes persistants achetés en conteneurs. À la bêche, ouvrez un trou deux fois plus grand que le conteneur, ajoutez du compost : la motte doit affleurer la surface du sol. Humidifiez cette motte, enlevez la terre qui entoure les racines et placez-la au centre du trou de plantation en étalant les racines. Refermez en tassant à la main. Réalisez une petite cuvette d'arrosage et remplissez-la d'eau.

20 vendredi

Sainte-Adeline

☼ 8h18 ↑ 18h52 ↓
☾ 14h58 ↑ 22h09 ↓

♐

Protégez les courges et les potirons de l'humidité. Accélérez leur maturation en déposant une pierre plate sous chaque fruit. Cette pierre va les isoler des terrains souvent humides en cette saison.

octobre

21 samedi

Sainte-Céline

☼ 8h20 ↑ 18h51 ↓
☾ 15h49 ↑ 23h23 ↓

♐

Sous climat doux, semez des pois à grains ronds dans des sillons espacés de 50 cm, à 5 cm de profondeur, une graine tous les 2 cm. Vous binerez et butterez dès que la végétation atteindra 10 cm de haut. Vous pouvez aussi semer des fèves. Dans des sillons espacés d'au moins 40 cm, plantez une graine tous les 20 cm à 5 cm de profondeur. Dès la sortie des premières feuilles, binez et paillez.

22 dimanche

Sainte-Élodie

☼ 8h21 ↑ 18h49 ↓ ◐ à 5h30
☾ 16h27 ↑

Tamisez l'ancien compost et utilisez-le dans vos massifs fleuris et le jardin potager. Vingt kilos de compost permettent de couvrir 1,20 m de massif. Certaines plantes favorisent la bonne fermentation du compost, notamment la camomille, le pissenlit, l'achillée millefeuille ou l'ortie (si elle est récoltée jeune). Ces plantes ne doivent bien entendu jamais avoir subi un quelconque traitement chimique.

23 lundi

Saint-Jean de Capistran

☼ 8h23 ↑ 18h47 ↓
☾ 16h55 ↑ 0h46 ↓

Contrôlez tous les légumes stockés en silo.

24 mardi

Saint-Florentin

☼ 8h25 ↑ 18h45 ↓
☾ 17h16 ↑ 2h12 ↓

Vous ne l'avez pas encore fait précédemment ? En climat doux, semez des fleurs rustiques (godetia, ancolie, lavatère, capucine...) au milieu d'un *mixed border*. Vous éclaircirez ensuite. Le *mixed border* (bordure mixte) est une plate-bande où les plantes se mêlent et sont juxtaposées en harmonisant les couleurs et les silhouettes. Le *mixed border* est composé de groupes de plantes (plusieurs pieds d'une même espèce) accolés les uns aux autres, pour former des taches.

25 mercredi

Saint-Crépin

☼ 8h26 ↑ 18h43 ↓
☾ 17h34 ↑ 3h38 ↓

Buttez les pieds de vos artichauts avant que la terre soit détrempée par les pluies automnales ou gelée. Rassemblez le feuillage raccourci, sans serrer, puis apportez du terreau ou du compost avant de butter sur 20 cm. Sous abri, vous pouvez tenter un semis de chou-fleur avec des variétés résistantes. Vous repiquerez en mars et récolterez deux mois plus tard.

26 jeudi

Saint-Dimitri

☼ 8h28 ↑ 18h41 ↓
☾ 17h51 ↑ 5h03 ↓

Périgée. Ne travaillez pas au jardin.

27 vendredi

Sainte-Émeline

☼ 8h29 ↑ 18h40 ↓
☾ 18h06 ↑ 6h27 ↓

Semez en ligne des laitues d'hiver, de la mâche et des épinards d'hiver. L'épinard 'Samos', très rustique, est une variété d'autant plus intéressante qu'elle est très productive. Elle offre également une belle résistance aux maladies et reprend rapidement après la coupe. L'épinard 'Monstrueux de Viroflay', pour sa part, est aussi rustique et possède une bonne résistance aux chaleurs estivales. Protégez vos plantations au moyen d'un voile ou d'un tunnel. Après les premières gelées, commencez la cueillette des choux de Bruxelles en commençant par le bas de chaque plant.

28 samedi

Saint-Jude

☼ 8h31 ⬆ 18h38 ⬇ ● à 22h24
☾ 18h24 ⬆ 7h51 ⬇

Nœud lunaire. Passage à l'heure d'hiver. Ne travaillez pas au jardin.

29 dimanche

Saint-Narcisse

☼ 7h32 ⬆ 17h36 ⬇
☾ 18h45 ⬆ 9h16 ⬇

Au verger, récoltez les fruits avant l'apparition des premières gelées. Il y a trois types de gel : le gel d'advection (provoqué par l'arrivée d'une masse d'air froid dans la région), le gel de rayonnement (plus fréquent en automne et au printemps. La vapeur d'eau contenue dans l'air forme une couverture blanchâtre sur les végétaux : le givre) et le gel d'évaporation (lorsque le sol est humide, souvent après une pluie, et que le ciel se dégage en soirée, il arrive que l'eau s'évapore et gèle).

30 lundi

Saint-Bienvenu

☼ 7h34 ⬆ 17h34 ⬇
☾ 18h11 ⬆ 9h40 ⬇

Stratifiez les graines des cerfeuils tubéreux à semer dans le courant du mois de mars prochain. Cela facilitera la germination. Mélangez-les à du sable humide et placez le tout dans un pot de fleurs enterré au pied d'un mur orienté au nord. Protégez l'ensemble des rongeurs. Grâce à la stratification, les graines auront déjà été confrontées au froid et à l'humidité. C'est une condition nécessaire à une bonne germination. Vous sèmerez les graines avec le sable dès les premiers beaux jours.

31 mardi

Saint-Quentin

☼ 7h36 ⬆ 17h33 ⬇
☾ 18h46 ⬆ 11h00 ⬇

Contrôlez attentivement les légumes stockés en silo. Pour recycler une grande poubelle (propre !) en silo, creusez un trou dans le sol, tapissez ce trou de paille, enterrez la poubelle de manière qu'elle dépasse le niveau du sol de 5 cm. Sur ces 5 cm, faites des trous d'aération. Stockez vos légumes en couches successives, chaque couche étant isolée des autres par de la paille. Refermez le couvercle de la poubelle.

novembre

1 mercredi	♉	16 jeudi	♐
2 jeudi	♊	17 vendredi	♐
3 vendredi	♊	18 samedi	♑
4 samedi	♋	19 dimanche	♑
5 dimanche	♋	20 lundi	♒
6 lundi	♌	21 mardi	♒
7 mardi	♌	22 mercredi	♓
8 mercredi	♌	23 jeudi	♓
9 jeudi	♍	24 vendredi	♓
10 vendredi	♍	25 samedi	♈
11 samedi	♍	26 dimanche	♉
12 dimanche	♎	27 lundi	♉
13 lundi	♎	28 mardi	♉
14 mardi	♏	29 mercredi	♊
15 mercredi	♏	30 jeudi	♊

1er mercredi

Toussaint

☼ 7h37 ↑ 17h31 ↓
☾ 19h30 ↑ 12h12 ↓

Sous tunnel ou sous châssis, semez encore des radis de tous les mois qui feront fureur en cuisine et à table ('Gaudry 2', 'Bamba'). Vous éclaircirez après la levée et récolterez dans 3 à 4 semaines. Toujours sous tunnel ou sous châssis, en terre bien affinée, semez des carottes demi-longues ('Nanco', 'Bolero', 'Touchon'). Vous les récolterez en primeurs en avril ou en mai prochains.

2 jeudi

Fête des Morts

☼ 7h39 ↑ 17h29 ↓
☾ 20h27 ↑ 13h11 ↓

Plantez encore les bulbes de printemps en enterrant les oignons sur deux ou trois fois leur hauteur. Bulbe par excellence : la tulipe. N'hésitez pas à choisir différentes variétés en fonction de la couleur, de la période de floraison ou de la taille.

3 vendredi

Saint-Hubert

☼ 7h40 ↑ 17h28 ↓
☾ 21h32 ↑ 13h56 ↓

Avant l'arrivée du froid, taillez les rosiers et buttez les variétés les plus délicates. Plantez les pensées et les pâquerettes semées à la mi-août. Si ce n'est déjà fait, arrachez à l'approche des premières gelées les glaïeuls, cannas, dahlias et bégonias. Stockez les bulbes après les avoir fait sécher à l'abri.

4 samedi

Saint-Charles

☼ 7h42 ↑ 17h26 ↓
☾ 22h42 ↑ 14h29 ↓

Dans le jardin d'aromatiques, protégez les touffes d'estragon en coupant le feuillage et en couvrant d'un léger paillis. Cette plante vivace originaire d'Asie centrale est facile à cultiver au potager et supporte bien la sécheresse. Mais elle résiste difficilement aux gelées. Dans les régions aux hivers rigoureux, l'idéal est de cultiver l'estragon en pot, directement en intérieur. Il peut trouver place à côté du persil et du basilic.

5 dimanche

Sainte-Sylvie

☼ 7h44 ↑ 17h25 ↓ ◑ à 9h38
☾ 23h52 ↑ 14h53 ↓

Procédez à la dernière tonte de votre gazon, sans le tondre à ras afin de l'aider à passer l'hiver. Vous pouvez laisser les déchets de tonte en place en croisant vos passages ou en utilisant le dispositif à mulch de votre tondeuse.

6 lundi

Saint-Léonard

☼ 7h45 ↑ 17h23 ↓
☾ 15h12 ↓

Apogée. Ne travaillez pas au jardin.

7 mardi

Sainte-Carine

☼ 7h47 ↑ 17h22 ↓
☾ 1h01 ↑ 15h27 ↓

Pour une reprise optimale, vous pouvez commencer la plantation des fruitiers. Préparez les trous de plantation : à la terre extraite, mélangez du terreau ou du compost, ameublissez le fond à la fourche bêche. Si vous n'avez pas encore acheté vos fruitiers, rebouchez car cela permettra à la terre de se tasser.

8 mercredi

Saint-Geoffroy

☼ 7h48 ↑ 17h20 ↓
☾ 2h10 ↑ 15h41 ↓

Ramassez les fruits momifiés et les feuilles mortes. Brûlez-les. Si le temps est doux et sec, traitez les fruitiers contre la moniliose au moyen de bouillie bordelaise. En botanique, la momification est un symptôme causé par un champignon et une maladie connue sous le nom de moniliose. Un fruit attaqué présente une tache brune, elle-même recouverte de taches blanches arrondies.

9 jeudi

Saint-Théodore

☼ 7h50 ↑ 17h19 ↓
☾ 3h17 ↑ 15h54 ↓

Vous n'avez pas encore eu l'occasion de le faire ? Arrachez maintenant les endives 'Witloof' au moyen d'une fourche bêche. Laissez-les faner quelques jours sur le sol pour provoquer l'arrêt de la végétation, en les protégeant du soleil et du gel avec des feuilles ou des fougères.

10 vendredi

Saint-Léon

☼ 7h51 ↑ 17h17 ↓
☾ 4h26 ↑ 16h06 ↓

Dans le Midi, plantez de l'ail blanc ('Blanc de la Drôme') ou violet ('Violet de Cadours'). Réservez l'ail rose aux plantations de fin d'hiver. Plantez aussi de l'échalote grise en terre anciennement fumée, ameublie, légère et bien drainée. Espacez les rangs de 25 cm et les plants de 15 cm sur la ligne. Ne les enfoncez pas à plus de 2 cm, pointe en l'air. N'arrosez pas après plantation. La récolte s'effectuera en juin prochain. Pour info, sachez que la Commission européenne a enregistré la dénomination « Ail Violet de Cadours » en Appellation d'origine protégée (AOP) par règlement paru le 13 juin 2017.

11 samedi

Saint-Martin – Armistice 1918

☼ 7h53 ↑ 17h16 ↓
☾ 5h36 ↑ 16h21 ↓

Nœud lunaire. Ne travaillez pas au jardin.

12 dimanche

Saint-Christian

☼ 7h55 ↑ 17h15 ↓
☾ 6h49 ↑ 16h37 ↓

Raccourcissez les rosiers arbustifs. En les taillant durant l'hiver, la plante bénéficiera d'une floraison plus généreuse. En effet, les fleurs des arbustes à floraison estivale se développent sur les pousses qui démarrent au printemps. Cette taille permet également l'entretien du rosier en supprimant les rameaux chétifs et les branches mortes.

13 lundi

Saint-Brice

☼ 7h56 ↑ 17h13 ↓ ● à 10h27
☾ 8h06 ↑ 16h59 ↓

Si ce n'est pas encore terminé, achevez la plantation des vivaces et des arbustes à fleurs. Plantez les pâquerettes et les pensées semées à la mi-août. Achevez aussi d'arracher glaïeuls, cannas et dahlias.

14 mardi

Sainte-Sidonie

☼ 7h58 ↑ 17h12 ↓
☾ 9h24 ↑ 17h27 ↓

Installez des haies de hêtres, d'éléagnus, de troènes ou de charmes. Plantez les grimpantes (vigne vierge et lierre) devant un support adéquat (grillage, treillage, clôture, arche...) préalablement mis en place. L'éléagnus est très intéressant du fait de sa grande résistance, mais aussi de son incontestable valeur esthétique, avec ses reflets argentés ou dorés. Pas étonnant qu'il fasse son grand retour dans nos jardins !

15 mercredi

Saint-Albert

☼ 7h59 ↑ 17h11 ↓
☾ 10h42 ↑ 18h08 ↓

Forcez les endives. Un forçage en cave aux alentours de 12 °C demande 6 à 8 semaines.

16 jeudi

Sainte-Marguerite

☼ 8h01 ↑ 17h10 ↓
☾ 11h51 ↑ 19h03 ↓

Dès qu'ils ont subi une gelée, récoltez nèfles et kakis. Laissez-les finir de mûrir à la maison. Le kaki-pomme 'Fuyu' n'a pas besoin de gel pour être débarrassé de son astringence, mais il faut le laisser mûrir. Bénéficiant d'une exposition chaude et ensoleillée, mais abrité du vent, le kaki 'Fuyu' est un arbre vigoureux à port étalé qui peut atteindre 6 m de haut et 5 m de large.

17 vendredi

Sainte-Élisabeth

☼ 8h02 ↑ 17h09 ↓
☾ 12h47 ↑ 20h13 ↓

Dans le Midi, récoltez les olives de table et les olives à huile. Amenez-les vite au moulin. L'olivier peut être installé en dehors des régions méditerranéennes moyennant certaines précautions.

18 samedi

Sainte-Aude

☼ 8h04 ↑ 17h07 ↓
☾ 13h29 ↑ 21h34 ↓

Travaillez le sol du potager en y incorporant la fumure de fond. Incorporez aussi des amendements : du sable dans les sols lourds, de la tourbe dans les sols calcaires, du calcaire dans les sols acides. Ameublissez en laissant le paillis en place jusqu'au printemps. La fumure de fond garantit un apport de matières nutritives sur le long terme. Elle compense les manques qu'il peut y avoir de ces éléments.

19 dimanche

Saint-Tanguy – Fête nationale (Monaco)

☼ 8h05 ↑ 17h06 ↓
☾ 13h59 ↑ 22h28 ↓

Pour travailler le sol au potager, six outils suffisent : la fourche bêche, le louchet (pour travailler en profondeur), la pelle-bêche (en sol léger), le râteau (pour affiner le lit de semences), la griffe (pour briser les mottes grossières) et la fourche à bêcher (pour travailler le sol sans le retourner).

20 lundi

Saint-Edmond

☼ 8h07 ↑ 17h05 ↓ ◐ à 11h50
☾ 14h22 ↑

À la maison, soignez les plantes à fleurs. Placez une couche de billes d'argile (un substrat 100 % d'origine minérale, utilisable en jardinage biologique, très stable et durable) dans les soucoupes, versez 2 cm d'eau et posez les pots dessus. L'air sera humidifié sans risquer de faire pourrir les racines. Toujours à la maison, vous pouvez tenter des semis de pélargoniums et de bégonias. Dans le jardin potager, récoltez les choux-fleurs sensibles aux gelées avant que leurs pommes n'éclatent. Pour que cette pomme reste bien blanche, recouvrez-la d'une grande feuille prélevée sur les plants.

21 mardi

Saint-Rufus

☼ 8h08 ↑ 17h04 ↓
☾ 14h41 ↑ 0h23 ↓

Périgée. Ne travaillez au jardin.

22 mercredi

Sainte-Cécile

☼ 8h10 ⬆ 17h03 ⬇
☾ 14h56 ⬆ 1h45 ⬇

Toujours à la maison, au chaud, en pot ou en terrine, semez des pépins d'orange, de citron ou de kumquat pour obtenir des petites plantes vertes qui donneront un fantastique petit air exotique à votre intérieur.

23 jeudi

Saint-Clément

☼ 8h11 ⬆ 17h02 ⬇
☾ 15h12 ⬆ 3h06 ⬇

Tentez des petits semis de pourpier, de mâche à petites feuilles et de cresson alénois dans un châssis bien protégé ou sur la véranda, en terrine. Parfois surnommée doucette ou oreille de lièvre, la mâche est une petite plante herbacée, peu calorique, dégustée comme salade en hiver. Elle forme une petite rose de feuilles, son goût est très doux. Assez facile à cultiver dans le jardin, elle accepte aussi la culture en jardinière, sur une terrasse. Attention : elle peut être victime de l'oïdium, du mildiou, de la rouille, de la bactériose et des limaces qui en raffolent. Elle gagne à être installée près de la blette, du poireau, du haricot vert, du chou-fleur... qui sont des plantes amies.

24 vendredi

Sainte-Flora

☼ 8h13 ⬆ 17h01 ⬇
☾ 15h28 ⬆ 4h28 ⬇

Nœud lunaire. Ne travaillez pas au jardin.

25 samedi

Sainte-Catherine

☼ 8h14 ⬆ 17h01 ⬇
☾ 15h47 ⬆ 5h50 ⬇

Si vous habitez dans une région à climat doux, semez des fèves. Elles seront moins sujettes aux invasions de pucerons que celles semées au printemps. Vous paillerez dès l'apparition des premières feuilles, puis vous les butterez en fin d'hiver.

26 dimanche

Sainte-Delphine

☼ 8h16 ⬆ 17h00 ⬇
☾ 16h10 ⬆ 7h13 ⬇

Prélevez les drageons sur les chrysanthèmes. Replantez dans un pot : ils donneront bientôt une nouvelle plante. Le chrysanthème, originaire de Corée, est une plante assez facile à vivre. Il en existe une grande variété affichant les couleurs les plus diverses : blanc, rouge, jaune, orange ou rose. Avantage essentiel : le chrysanthème fleurit tardivement et prolonge donc la palette colorée du jardin loin dans l'année (jusque dans le courant du mois de novembre).

27 lundi

Saint-Séverin

☼ 8h17 ⬆ 16h59 ⬇ ● à 10h16
☾ 16h40 ⬆ 8h35 ⬇

Contre un mur bien exposé, installez une bonne couche de compost inclinée afin de profiter au maximum du soleil. Recouvrez d'une vitre. Dans cette côtière ou ados, semez des radis ronds ('Gaudo', 'Gaudry 2'), ainsi que des carottes courtes de type grelot ('Mignon', 'Parmex').

28 mardi

Saint-Jacques de la Marche

☼ 8h18 ⬆ 16h58 ⬇
☾ 17h20 ⬆ 9h51 ⬇

Déplantez les arbres que vous désirez déplacer. Mettez-les en jauge pour les replanter le mois prochain.

29 mercredi

Saint-Saturnin

☼ 8h20 ⬆ 16h58 ⬇
☾ 18h12 ⬆ 10h57 ⬇

Tant que vous songez à votre futur potager, pensez aux associations de cultures qui consistent à cultiver certaines plantes au même endroit au même moment. Les associations de plantes sont précieuses pour se passer des produits toxicochimiques qui peuvent empoisonner un potager autant que les champs des fermiers conventionnels. Certaines plantes repoussent les nuisibles, d'autres limitent l'apparition de maladies, d'autres encore enrichissent le sol. Deux exemples : le céleri a intérêt à être planté près du poireau et du chou, mais loin du maïs, de la laitue et du persil ; l'échalote se porte mieux près de la carotte, mais craint la présence du haricot et du pois.

30 jeudi

Saint-André

☼ 8h21 ⬆ 16h57 ⬇
☾ 19h15 ⬆ 11h48 ⬇

Sauf en cas de gel, plantez les rosiers et les arbustes à fleurs vendus à racines nues. Buttez les jeunes rosiers au-dessus du point de greffe.

décembre

1	vendredi	♋
2	samedi	♋
3	dimanche	♌
4	lundi	♌
5	mardi	♌
6	mercredi	♍
7	jeudi	♍
8	vendredi	♍
9	samedi	♍
10	dimanche	♎
11	lundi	♎
12	mardi	♏
13	mercredi	♐
14	jeudi	♐
15	vendredi	♐
16	samedi	♑
17	dimanche	♒
18	lundi	♒
19	mardi	♓
20	mercredi	♓
21	jeudi	♓
22	vendredi	♈
23	samedi	♈
24	dimanche	♉
25	lundi	♉
26	mardi	♉
27	mercredi	♊
28	jeudi	♊
29	vendredi	♋
30	samedi	♌
31	dimanche	♌

1er vendredi

Saint-Éloi

☼ 8h22 ⬆ 16h57 ⬇
☾ 20h24 ⬆ 12h27 ⬇

C'est une excellente journée pour planter des haies. Elles enrichiront et embelliront votre jardin tout en vous protégeant du vent et du regard parfois indiscret de certains voisins.

2 samedi

Sainte-Viviane

☼ 8h24 ⬆ 16h56 ⬇
☾ 21h35 ⬆ 12h55 ⬇

Vous pouvez opter pour une haie défensive, de plus en plus prisée. Elle a pour fonction de créer une barrière physique et végétale impénétrable. Pour être efficaces, les végétaux la composant doivent atteindre une hauteur d'au moins 1,60 m et une épaisseur de 1,20 m, être piquants et/ou très denses. À son aspect esthétique, elle ajoute donc une facette sécurisante. Le mahonia (persistant, bordé d'épines acérées, mais attirant les pollinisateurs), l'épine-vinette (caduque, ornementale, aux tiges impénétrables) ou le pyracantha (persistant, pouvant atteindre 3 m de haut et très dense) sont des très bons choix.

3 dimanche

Saint-François-Xavier

☼ 8h25 ⬆ 16h56 ⬇
☾ 22h46 ⬆ 13h16 ⬇

Taillez les fruitiers de plein vent. Brossez les troncs pour enlever les mousses et les lichens avant de les brûler. Apportez du compost et de l'engrais à décomposition lente à l'aplomb des ramures.

4 lundi

Sainte-Barbara

☼ 8h26 ↑ 16h55 ↓
☾ 23h54 ↑ 13h32 ↓

Apogée. Ne travaillez pas au jardin.

5 mardi

Saint-Gérald

☼ 8h27 ↑ 16h55 ↓ ◑ à 6h51
☾ 13h47 ↓

Sauf s'il gèle, vous pouvez poursuivre la plantation des fruitiers à racines nues ou vendus en conteneurs. Enrichissez la terre avec du compost. Veillez à ne pas enterrer le point de greffe. Arrosez à raison d'un ou deux arrosoirs par arbre. Installez un tuteur dès la plantation sans l'enfoncer trop près du tronc. Vous pouvez planter des arbres jusqu'au mois de mars, mais le faire maintenant leur permet de s'enraciner en hiver et d'ensuite mieux résister à la sécheresse estivale.

6 mercredi

Saint-Nicolas

☼ 8h28 ↑ 16h55 ↓
☾ 1h02 ↑ 14h00 ↓

En fonction de vos besoins, récoltez les poireaux, les panais, les crosnes, les topinambours, le raifort, le rutabaga, les salsifis... Tous ces légumes peuvent rester en terre. Paillez généreusement le sol afin de pouvoir arracher ces légumes-racines lorsqu'il gèlera. Légume et condiment un peu passé de mode, le raifort est un cousin du radis (on l'appelle parfois radis de cheval), du chou et du navet.

7 jeudi
Saint-Ambroise

☼ 8h30 ⬆ 16h54 ⬇
☾ 2h09 ⬆ 14h12 ⬇

Ameublissez les sols lourds sans les retourner. Le gel se chargera de casser les mottes. Au printemps prochain, vous n'aurez plus qu'à affiner et aplatir la terre. Pour savoir si votre sol est léger ou lourd, prélevez une poignée de terre et humectez-la légèrement. Si vous arrivez à confectionner une motte de terre ferme et malléable, votre sol est lourd. Si la terre se désagrège facilement, le sol est léger.

8 vendredi
Saint-Romaric – Immaculée Conception

☼ 8h31 ⬆ 16h54 ⬇
☾ 3h17 ⬆ 14h26 ⬇

Nœud lunaire. Ne travaillez pas au jardin.

9 samedi
Sainte-Valérie

☼ 8h32 ⬆ 16h54 ⬇
☾ 4h29 ⬆ 14h41 ⬇

Dégermez les pommes de terre que vous avez préalablement mises en silo. Malgré de bonnes conditions de conservation, les pommes de terre ont toujours tendance à germer. Voici quelques petites astuces biologiques permettant de freiner ce processus :

1. disposez quelques morceaux de charbon de bois dans les cagettes ou les clayettes ;
2. mettez des feuilles de fougère très sèches dans le fond des cagettes ;
3. installez des fruits (surtout des pommes saines et à changer avant qu'elles pourrissent) dans les cagettes.

10 dimanche

Sainte-Julie

☼ 8h33 ↑ 16h54 ↓
☾ 5h43 ↑ 15h00 ↓

Rempotez les amaryllis qui ne vont pas tarder à redémarrer. Placez-les dans la maison en situation très lumineuse, mais pas trop chaude. Elles fleuriront d'ici 5 à 10 semaines.

11 lundi

Saint-Daniel

☼ 8h34 ↑ 16h54 ↓
☾ 7h02 ↑ 15h25 ↓

Procédez à la « taille de Noël » des rosiers en coupant les tiges à une hauteur d'environ 50 cm. Vous pouvez aussi tailler les rosiers grimpants. Mettez en place les églantiers à greffer dans le courant de l'été prochain. Prévoyez des bons outils préalablement désinfectés. La bonne taille est nette et franche, biseautée afin que l'eau ne stagne pas sur la coupe, et inclinée d'environ 45° à l'opposé de l'œil pour que l'eau ne s'écoule pas sur celui-ci.

12 mardi

Sainte-Chantal

☼ 8h35 ↑ 16h54 ↓
☾ 8h21 ↑ 16h01 ↓

Commencez l'élagage des arbres. Le masticage n'est pas indispensable si les coupes sont proprement effectuées, juste au-dessus du bourrelet d'insertion des branches avec le tronc. Utilisez une scie d'élagage et un bon couteau pour enlever les ébarbures. Pour supprimer une partie de branche, coupez juste au-dessus d'un œil ou d'une pousse latérale.

13 mercredi

Sainte-Lucie

☼ 8h35 ↑ 16h54 ↓ ● à 0h32
☾ 9h36 ↑ 16h52 ↓

Vous pouvez continuer à planter des fruitiers en veillant à ne pas enterrer le point de greffe car cela entraînerait le développement de gourmands du porte-greffe qui accapareraient la sève. Arrosez généreusement, même en cas de pluie. Installez un tuteur dès la plantation (mais pas trop près du tronc).

14 jeudi

Sainte-Odile

☼ 8h36 ↑ 16h54 ↓
☾ 10h39 ↑ 17h58 ↓

Sauf en cas de gel, prélevez les greffons sur les variétés fruitières qui ont été multipliées au cours du printemps dernier. Coupez des rameaux de 30 à 40 cm de long, avec des yeux bien formés. Liez-les en bottes en identifiant clairement les variétés. Enterrez-les à moitié au pied d'un mur orienté au nord.

15 vendredi

Sainte-Ninon

☼ 8h37 ↑ 16h54 ↓
☾ 11h27 ↑ 19h18 ↓

Dans le Midi, récoltez les olives si elles n'étaient pas mûres auparavant. Même si les olives grecques (et surtout crétoises) sont à juste titre considérées par les vrais amateurs comme les meilleures du monde, les olives françaises ont aussi leur petite réputation régionale. Une fois récoltées, les olives à huile doivent être menées au moulin dans les 3 jours suivant la récolte.

16 samedi

Sainte-Alice

☼ 8h38 ↑ 16h54 ↓
☾ 12h01 ↑ 20h45 ↓

Périgée. Ne travaillez pas au jardin.

17 dimanche

Saint-Gaël

☼ 8h39 ↑ 16h54 ↓
☾ 12h27 ↑ 22h11 ↓

Sauf s'il gèle, plantez encore des arbustes à fleurs et des rosiers à racines nues.

18 lundi

Saint-Gatien

☼ 8h39 ↑ 16h55 ↓
☾ 12h47 ↑ 23h34 ↓

À la maison, vous pouvez semer des pélargoniums et des bégonias. Ces derniers présentent l'avantage d'être très faciles à cultiver, même s'ils redoutent le froid. Ils offrent en outre une belle palette de coloris et une gamme étendue de parfums. Ils exigent un bon ensoleillement, un nettoyage régulier des feuilles et des fleurs fanées, un apport régulier d'engrais de qualité biologique, ainsi qu'un arrosage hebdomadaire. Ils peuvent être installés dans des pots, isolément, ou être regroupés avec d'autres plantes dans des jardinières qui seront ainsi du plus bel effet sur le balcon ou la terrasse. Les bégonias offrent une très riche palette de couleurs souvent chatoyantes qui s'intègrent à tous les environnements et décors : rose, rouge, orangée, jaune ou blanc, il y en a vraiment pour tous les goûts.

19 mardi

Saint-Urbain

☼ 8h40 ⬆ 16h55 ⬇ ◐ à 19h40
☾ 13h03 ⬆

Vous pouvez maintenant tenter quelques petits semis de laitues rustiques dans la véranda. Du moins si la température y atteint 15 °C dans le courant de l'après-midi.

20 mercredi

Saint-Théophile

☼ 8h41 ⬆ 16h55 ⬇
☾ 13h18 ⬆ 0h56 ⬇

La véranda, si elle représente un investissement, permet d'étendre la surface habitable de la maison et de créer un jardin d'hiver en y installant de nombreux végétaux, dont vos plantes fragiles à l'abri des gelées. Elle permet aussi d'effectuer des semis en caissettes au printemps. À côté des modèles classiques, on trouve désormais des vérandas à toit végétal qui présente de nombreux avantages par rapport aux matériaux courants : un plus écoresponsable, une plus-value esthétique, une isolation thermique efficace et naturelle (et donc des économies d'énergie et financières), une isolation phonique... Seuls bémols : le poids de la toiture nécessite une solide ossature porteuse et une nécessité d'entretien (comme un petit jardin suspendu).

21 jeudi

Saint-Séverin

☼ 8h41 ⬆ 16h56 ⬇
☾ 13h34 ⬆ 2h15 ⬇

Nœud lunaire. Ne travaillez pas au jardin.

22 vendredi

Sainte-Françoise-Xavière
Premier jour de l'hiver

☼ 8h42 ↑ 16h56 ↓
☾ 13h51 ↑ 3h35 ↓

♈

Le solstice d'hiver est le jour de l'année où la course du Soleil dans le ciel est la plus courte. Par rapport aux autres jours de l'année, le Soleil se lève au plus loin de l'est, monte au plus bas au midi (c'est la déclinaison) et se couche au plus loin de l'ouest. Il survient vers le 21 décembre. Le solstice d'hiver de l'hémisphère Nord (boréal) correspond au solstice d'été de l'hémisphère Sud (austral). La date précise est difficile à déterminer car la durée du jour (ou de la nuit) varie peu autour du solstice.

23 samedi

Saint-Armand

☼ 8h42 ↑ 16h57 ↓
☾ 14h13 ↑ 4h56 ↓

♈

Stratifiez les pépins des pommes et des poires en les plaçant dans un pot préalablement rempli de sable. Enterrez au pied d'un mur exposé au nord. Vous obtiendrez ainsi des porte-greffes.

24 dimanche

Sainte-Adèle

☼ 8h43 ↑ 16h57 ↓
☾ 14h39 ↑ 6h16 ↓

♉

Sauf si vous avez déjà eu l'occasion de le faire, vous pouvez maintenant déplanter les arbres que vous désirez déplacer. Mettez-les en jauge. Vous pourrez les replanter le mois prochain.

25 lundi

Noël

☼ 8h43 ↑ 16h58 ↓
☾ 15h14 ↑ 7h33 ↓

Prélevez les drageons sur les chrysanthèmes. Ces éclats de souche replantés dans un pot donneront bientôt de nouvelles plantes.

26 mardi

Saint-Étienne

☼ 8h43 ↑ 16h59 ↓
☾ 16h01 ↑ 8h43 ↓

Si vous avez un grand potager propre (exempt d'adventices vivaces telles que le liseron ou le chiendent), vous pouvez envisager la création d'une aspergeraie. Enrichissez la parcelle choisie de compost ou de fumier bien mûr, avec des cendres de bois. Au moment de l'installation des griffes, enrichissez le fond des tranchées. Vous pouvez espérer une production annuelle de 5 kg de turions à partir de la quatrième année. Tenace et prolifique, le liseron est une plante grimpante qui s'entortille autour des plantes, dans les haies, sur les grillages, ... un peu partout tant qu'il trouve un environnement propice et un support.

27 mercredi

Saint-Jean

☼ 8h43 ↑ 16h59 ↓ ● à 1h33
☾ 17h00 ↑ 9h39 ↓

Taillez les rosiers grimpants. Pour les pieds âgés et vigoureux, palissés contre un mur, utilisez un taille-haie à moteur. Les rosiers ne s'en porteront pas plus mal et continueront à fleurir abondamment.

28 jeudi

Saints-Innocents

☼ 8h44 ↑ 17h00 ↓
☾ 18h07 ↑ 10h23 ↓

À condition qu'il n'y ait pas de risque de gel, taillez les clématites à floraison estivale. Coupez une tige sur deux à 30 ou 40 cm du sol.

29 vendredi

Saint-David

☼ 8h44 ↑ 17h01 ↓
☾ 19h18 ↑ 10h55 ↓

Taillez les noisetiers et conservez les plus belles branches qui serviront de rames ou de tuteurs. Le noisetier aime le soleil : préférez-lui un emplacement dégagé où il pourra profiter d'un maximum de lumière, tout en étant protégé du vent. Il est peu contraignant : sa seule réclamation est de voir son pied régulièrement désherbé.

30 samedi

Saint-Roger

☼ 8h44 ↑ 17h02 ↓
☾ 20h30 ↑ 11h18 ↓

Si vous n'avez pas encore eu l'occasion de le faire auparavant, plantez vos arbres et arbustes fruitiers. Le point de greffe ne doit jamais être enterré en remettant la terre : pensez que celle-ci va s'affaisser en se tassant au cours des mois suivants. N'oubliez pas de praliner les racines dans une bouillie de terre argileuse en badigeonnant le surplus sur le tronc. Ajoutez du compost en rebouchant le trou. Arrosez copieusement pour tasser et éviter les poches d'air qui sont toujours néfastes à la reprise des racines.

31 dimanche

Saint-Sylvestre

☼ 8h44 ⬆ 17h03 ⬇
☾ 21h39 ⬆ 11h37 ⬇

Si vos framboisiers ont donné une maigre récolte, il est peut-être temps de replanter les plus beaux pieds ailleurs. Répandez tout autour un paillis d'écorces. Petite indication supplémentaire : pour une famille de 4 personnes, comptez environ 5 m linéaires de framboisiers, à une distance de 50 cm les uns des autres.